Martin Vibrans

Auf nach Nidaros!

Eine Pilgerreise auf dem Olavsweg

AF272718

Martin Vibrans

Auf nach Nidaros!

Eine Pilgerreise auf dem Olavsweg

Impressum

Bibliografische Information der Deutschen Nationalbibliothek:
Die Deutsche Nationalbibliothek verzeichnet diese Publikation
in der Deutschen Nationalbibliografie; detaillierte bibliografische Daten sind im Internet über dnb.dnb.de abrufbar.

© 2024 Martin Vibrans

Verlag: BoD • Books on Demand GmbH, In de Tarpen 42,
22848 Norderstedt
Druck: Libri Plureos GmbH, Friedensallee 273, 22763 Hamburg

ISBN: 978-3-7597-6935-0

Vorwort von meiner Mitpilgerin Ricarda Menne

„Drei Dinge machen diesen Weg für mich zum Pilgerweg: das Ziel, an das er mich führt; die Menschen, deren Weg den meinen kreuzt; die Haltung, in der ich unterwegs bin." Diesen Satz habe ich im Sommer und Herbst 2005 in das Gästebuch so mancher Pilgerherberge auf dem Camino Francés geschrieben. Diesen Satz fand ich dann ganz überraschend im Vorwort des Pilgerberichts eines Mannes aus St. Augustin, der Jahre vor mir an derselben Universität studiert hatte, in derselben Hochschulgemeinde beheimatet gewesen war, wie ich. An diesen Satz erinnerte ich mich wieder, als Martin mich fragte, ob ich das Vorwort zu diesem Buch schreiben würde. Ein anderes Jahrzehnt, ein anderer Pilgerweg... Unser Weg kreuzte sich erstmals virtuell am Ende meiner ersten Tagesetappe, auf der Terrasse der Pilgerherberge von Aaraas, als Margarethe und Olav erzählten, dass einige Tage zuvor ein evangelischer Pastor bei ihnen übernachtet habe.

Er kreuzte sich gewissermaßen leibhaftig in der Pilgerherberge Sannfredstun hoch über dem Mjösa-See, als ich aus der einen oder anderen Bemerkung schlussfolgern konnte, „Das muss der Pastor sein, von dem Margarethe und Olav erzählt haben". Aus den gekreuzten Wegen wurde ab der urigen Herberge Skomakerbakken für einige Tage ein Zweier- bzw. Vierergespann, zusammen mit Julia und Dennis. Nach einer letzten gemeinsamen Mittagspause auf dem Rasen vor der Grundschule von Moelv trennten sich unsere Wege dann wieder und unsere Weggemeinschaft verlagerte sich wieder ins

Virtuelle: Über WhatsApp, Facebook und den Blog konnte ich vom heimatlichen Arbeitszimmer aus Martins weiteren Weg nach Trondheim verfolgen, seine neuen Pilgerbrüder und -schwestern ein wenig kennen lernen. Pilgern ist eine Metapher für den Lebensweg: Man ist nicht nur auf schattigen Wanderpfaden in schöner Landschaft unterwegs, sondern auch auf der Straße. Aber auch die eintönigen und heißen Asphaltkilometer sind zu bewältigen, wenn man ruhig einen Schritt vor den anderen setzt.

Nach Stunden in der Sonne oder auch im Regen tut es gut, an einem Ort anzukommen, an dem man spürt: „Ich bin nur ein Gast, aber ich werde erwartet. Es gibt Menschen, die ganz unaufdringlich das Ihre dazu beitragen, dass der Pilgerweg gelingen kann." Und im Gespräch mit den „Herbergseltern" spürt der Pilger manchmal, dass er nicht nur etwas empfängt - ein Bett, eine Dusche, manchmal auch eine Mahlzeit - sondern seinerseits auch etwas schenkt: die Geschichten vom Woher und Wohin und vom Unterwegssein... und Dankbarkeit.

Pilgern ist Begegnung - und auch wenn diese Begegnungen nach normalen Maßstäben nicht lange dauern, oft nur einige Tage, können sie doch intensiv werden, wenn die Chemie stimmt. Gerade wer allein unterwegs und auf sich selbst zurückgeworfen ist, wird offener für die Begegnung mit „wildfremden" Menschen.

Dann kreisen die Gespräche nicht mehr nur darum, wer den leichtesten Rucksack oder die höchste Marschleistung hat (auch solche Gespräche gibt es natürlich), sondern es kann das leise „Wunder" geschehen, dass es in die Tiefe geht. Wer als religiöser Mensch unterwegs ist - oder wer zumindest noch die eine oder andere Geschichte aus der Bibel kennt - kann dann die Erfahrung machen, dass diese Geschichten im Hier und Jetzt lebendig werden:

Menschen, die miteinander ihre Vorräte teilen - es müssen nicht unbedingt fünf Brote und zwei Fische sein - und daraus ein gemeinsames und Gemeinschaft stiftendes Abendessen zaubern, das mitunter in keinem Rezeptbuch zu finden ist… Menschen, die unter dem Vordach ihres Hauses am Pilgerweg ein paar Stühle aufstellen und dazu einen Tisch - nein, nicht mit Manna und Wachteln - mit Getränken, Selbstgebackenem, einer kleinen Kasse des Vertrauens und der Einladung, auszuruhen und zuzugreifen… Menschen, die - wie die biblischen Emmausjünger - einander von den Verletzungen erzählen, die das Leben nun mal hinterlässt, und aus dem Erzählen und Zuhören Kraft und Zuversicht schöpfen und mit neuen Erkenntnissen, neuer Zuversicht zurückkehren in ihren Alltag… Genug philosophiert!

Ich grüße meine Pilgergeschwister vom Sommer 2023 - diejenigen, die ich „live" kennen gelernt habe und diejenigen, denen ich mich durch Martins Erzählungen irgendwie auch verbunden fühle. Und ich sage Martin „tyssen tak" - vielen Dank - für das Geschenk, ein Teil seines Buches zu werden; dem Buch wünsche ich viele aufmerksame Leserinnen und Leser.

Ihnen, die Sie das Buch in den Händen halten, wünsche ich viel Freude beim Lesen - und sollte es Sie in den Füßen kribbeln, dass Sie selbst einmal auf dem Olavsweg (oder einem anderen Pilgerweg) pilgern wollen: „God tur!" - „Buen Camino" auf norwegisch.

Wuppertal, im April 2024, Ricarda Menne

Kapitel 1

Vorbereitungen und Anreise

Wenn man wie ich als evangelischer Gemeindepfarrer in einem beruflichen Umfeld unterwegs ist, das mit sehr viel Arbeit, persönlichem Herzblut und großem Zeitaufwand verbunden ist, dann ist eine gewisse Psychohygiene unumgänglich, wenn man auf Dauer gesund bleiben und seinen Dienst gern und fröhlich verrichten möchte. Das habe ich in der Vergangenheit über viele Jahre nicht ausreichend beherzigt und es mit einer Burnout Erkrankung sowie einer langen Zwangspause vor 17 Jahren bezahlt. Damals habe ich mir fest vorgenommen, nicht noch einmal in eine solche Spirale zu geraten. Das ist mir bis hierher auch gut gelungen. Nun stehe ich in den letzten Jahren meines Dienstes und in mir wuchs schon vor der Corona-Pandemie der Wunsch nach einer längeren Auszeit, einem Sabbatical, oder wie es in unserer Landeskirche so schön heißt, einem Kontaktsemester. Ich wollte in einer solchen Auszeit Kraft für die letzten Dienstjahre schöpfen, einige anstehende Fragen im Herzen bewegen und wenn möglich beantworten. Wie und wie lange will ich meinen Dienst noch fortsetzen? Bleibe ich in meiner Gemeinde bis zuletzt oder suche ich mir noch einmal ein neues Aufgabengebiet für die letzten Jahre vor dem Ruhestand? Durch die Pandemie war eine solche Sabbatzeit in den zurückliegenden Jahren nicht möglich. Es gab andere Aufgaben, besondere

Herausforderungen und so verschob ich dieses Projekt immer wieder Jahr für Jahr.

Im Sommer 2023 sollte es aber nun endlich starten, mein lang ersehntes „Kontaktsemester". Was ist das eigentlich? Viele Kolleginnen und Kollegen nehmen die offizielle Bezeichnung der Sabbatzeit in unserer Landeskirche wörtlich und schreiben sich für ein Semester irgendwo an der Uni ein oder absolvieren eine Ausbildung, eine Weiter- oder Fortbildung. Ich hatte von Anfang an eine andere Idee. Vom Schreibtisch sollte es an die frische Luft und in die Bewegung gehen. Ich habe in den letzten Jahren festgestellt, dass meine Bildschirmzeit pro Tag sich immer weiter verlängert hat. Das wurde auch körperlich durch Gewichtszunahme, mangelnde Kondition und Probleme mit der Wirbelsäule spürbar. Ich hatte seit Jahren zu wenig Bewegung. Das war mir klar und das sollte sich durch die Sabbatzeit ändern, zumindest zeitweise. Diese Zeit sollte aber möglichst auch ein richtiger „Gamechanger" werden und nachhaltig wirken.

Beim näheren Betrachten wurde mir deutlich, dass im Grunde genommen ein Pilgerprojekt genau das erfüllen würde, was ich mir für mich wünschte: Ich würde beim Pilgern in Bewegung kommen, wäre an der frischen Luft unterwegs und hätte auch Zeit, meinen Gedanken nachzuhängen. Mit anderen Pilgern könnte ich im Gespräch sein und die gemachten Erfahrungen austauschen. Auch spirituell würde eine Pilgerwanderung möglicherweise neue Impulse freisetzen. Von diesem Gedanken aus war es nicht mehr weit bis zum Pilgerprojekt Olavsweg in Norwegen. Seit vielen Jahren ist Norwegen schließlich unser Sehnsuchtsland. Immer wieder treibt es uns als Familie im Sommerurlaub in das Land der Fjorde und Berge. Dass es diesen Pilgerweg gibt, weiß ich seit 2018, als ich am Nidarosdom in Trondheim den Meilenstein entdeckte, der das Ziel des Weges der Pilger markiert. Er steht am Platz vor der Westfassade des Domes. Wer es von Oslo oder einem der anderen Startorte eines der vielen Olavswege bis hierher geschafft hat, ist am Ziel seines Weges angekommen. Im Dom sollen die Gebeine des Heiligen Olavs liegen, der für seinen Glauben im Jahr 1030 sein Leben auf dem Schlachtfeld bei Stiklestad verlor. Seit dem Urlaub 2018 faszinierte mich immer wieder der Gedanke, diesen anspruchsvollen Pilgerweg selbst einmal zu gehen und mit dem Wanderrucksack auf dem Rücken hier zu stehen.

Die Alternative im Süden, also der Jakobsweg nach Santiago de Compostela, hätte ganz gewiss auch ihren Charme gehabt. Da ich meine Sabbatzeit aber gern in die Sommermonate verlegen wollte, kam eine Pilgertour in südlichen Gefilden nicht in Betracht. Dort ist es um diese Zeit für meinen Geschmack auch viel zu heiß und zu voll. In Norwegen hingegen ist es klimatisch eher kühler als bei uns, man ist meist allein unterwegs, allerdings regnet es dort recht viel. Auch im Sommer. Das sollte sich auf meiner Pilgerwanderung bewahrheiten. So wuchs also nach und nach in mir die Idee einer Pilgerschaft auf dem Olavsweg während des geplanten Kontaktsemesters im Sommer 2023.

In den letzten Jahren und Monaten las ich viel über den Weg, die Erfahrungen anderer Pilger und den Zauber der norwegischen Landschaft entlang des Weges. Ich erfuhr so manches über die liebenswürdigen Herbergsmütter und -väter. Etwa ein Jahr vor dem geplanten Start konfrontierte ich unsere Superintendentin mit meinem Projekt. Sie war zwar nicht begeistert, aber unterstützte die Idee unter der Voraussetzung, dass wir irgendwie für eine Vertretung sorgen können. Der nächste Schritt bestand darin, das Landeskirchenamt von meinem Vorhaben zu unterrichten. Ein Termin im Amt und ein Gespräch mit der zuständigen Referentin für Personalentwicklung wurde anberaumt. Dort würde ich mein geplantes Projekt inklusive Zeitplan vorstellen. Zeitgleich weihte ich auch meine Gemeindekirchenräte ein. Auch hier gab es positive Resonanz. Mancher wäre wohl selbst gern mitgekommen. Ein Kontaktsemester dauert normalerweise drei Monate plus angehängtem Jahresurlaub. In meinem Fall war das der Zeitraum von Mitte Juni bis Ende September. Für die Pilgerwanderung plante ich vorsichtig 35 - 40 Tage ein. In den Büchern über den Weg ist immer von etwa 32 Tagesetappen die Rede. Ich war bis dahin noch nie der aktive Wanderbursche. Der eine oder andere Pausentag wollte auch eingeplant werden. In vielen Pilgerbüchern wird ein wanderfreier Tag pro Woche empfohlen. Nach der Wanderung sollte eine Phase für Recherchearbeit folgen, in der ich noch einmal am Weg entlangfahren und hier und da fotografieren oder auch mit den Kollegen vor Ort ins Gespräch kommen wollte.

Die letzte Phase der Sabbatzeit würde mich wieder an den Schreibtisch zurückführen, um einen ausführlichen Reisebericht zu formulieren, der im besten Fall in ein Buchprojekt münden sollte. In einem gut zweistündigen Gespräch stellte ich im Landeskirchenamt mein Vorhaben vor und bekam dafür grünes Licht, wieder unter der Voraussetzung, dass die

Vertretung gewährleistet sei. Dankenswerterweise sagte die Evangelische Zehntgemeinschaft zu, sich um eine Vertretung zu bemühen. Die Evangelische Zehntgemeinschaft ist ein Verbund von Pfarrerinnen und Pfarrern im Ruhestand, die gern einen Teil ihrer Zeit geben, um für Vertretung von erkrankten, im Urlaub oder auch in Sabbatzeit befindlichen Amtskollegen zu sorgen.

Drei Kollegen der Zehngemeinschaft fanden sich tatsächlich, die den Großteil der Vertretungsdienste abdecken würden, die noch vorhandenen Lücken würden die Amtsschwestern und -brüder aus dem Kirchenkreis füllen. Ein herzliches Dankeschön an meine lieben Amtskolleginnen und Amtskollegen sei deshalb hier an dieser Stelle dafür gesagt! Nun konnte es an die konkrete Planung gehen. Es blieben noch ein paar Monate Zeit. Wieder las ich viel in Büchern und im Internet über Ausrüstung, Verpflegung, Schuhwerk und Textilien auf einem solchen Pilgerweg. Diverse Outdoorausstatter suchte ich auf, versorgte mich mit einem Rucksack, Wanderschuhen, Merinowäsche und vielem Anderen mehr. Ich lud Packlisten aus dem Internet herunter und verglich sie mit meiner eigenen. Das meistgenutzte Utensil in diesen Wochen war eine Kofferwaage. Immer wieder wurde das Rucksackgewicht optimiert. In den letzten Wochen vor dem Start konzentrierte sich alles auf die Vorbereitung dieses spannenden Abenteuers. So manchen gut gemeinten Rat gaben mir die erfahrenen Wanderer aus meinen Gemeinden mit auf den Weg. Manchmal ging diese Zeit gewiss auch etwas zu Lasten meiner Familie. Aber eine solche Unternehmung will nun einmal gut vorbereitet sein.

Parallel zur theoretischen und ausrüstungstechnischen Vorbereitung musste und wollte ich mich auch ein wenig körperlich in Form bringen. Dazu gehörten lange und ausdauernde Spaziergänge durch Feld und Flur. Im Rückblick hätte ich diese „Trainingseinheiten" auch weglassen können, denn sie waren in nichts auch nur annähernd mit den Belastungen vergleichbar, die auf dem Olavsweg auf mich warten sollten. Es gab noch etliche dienstliche Termine zu bewältigen, bevor ich auf den Startknopf drücken konnte. Letzte Highlights waren eine schöne Trauung und Hochzeitsfeier sowie am Sonntag darauf zwei Gottesdienste.

Schwer fiel der Abschied von den Lieben daheim, aber das Pilgermobil war fertig ausgebaut und gepackt. So ging es am 22.06.23 auf die große Tour gen Norden. Mit der Fähre fuhr ich nachmittags von Travemünde nach Trelleborg und kam dort spät abends an. Ich ließ mir drei Tage Zeit für den Weg bis nach Stjordal, wo mein Auto für die darauffolgenden sechs Wochen sicher verwahrt werden sollte. An einigen markanten Punkten des Olavsweges pausierte ich. So in Eidsvoll mit dem wunderbaren Kirchplatz und Friedhof, in der Eisschnelllaufmetropole Hamar mit seiner einmaligen Glaskathedrale und in Dovre, jenem Ort, in dem für den Pilger und die Pilgerin der Aufstieg in das Fjell beginnt. Besonders schön waren die Zwischenstops an der Stabkirche in Ringebu und in Oppdal, wo ich als Zaungast der „Hochzeit des Jahres" beiwohnen konnte. Das Wochenende verbrachte ich auf einem Campingplatz in der Nähe von Trondheim. Von dort aus fuhr ich am Sonntagvormittag in die Stadt. Ein bisschen Sightseeing sollte noch sein vor dem Beginn der Pilgerstrapazen. Als ich am Dom ankam, läuteten die Glocken und luden zum Gottesdienst ein. Ich konnte ihrem Ruf nicht widerstehen. Obwohl ich kein Wort verstand, berührte mich der Gottesdienst und vor allem die Musik sehr. Ein Mädchenchor führte gemeinsam mit der Organistin durch die Liturgie, wunderschöne Choralmelodien erklangen. Es war einfach ergreifend und so floss die eine oder andere Träne, als ich zum Abendmahl in den Chorraum schritt. Was für ein schöner Moment, bevor ich mich auf mein Abenteuer Olavsweg begab!

Nach dem Gottesdienst bummelte ich noch etwas durch die belebte Innenstadt und fuhr zum Nachmittag nach Stjordal. Dort wohnen, nur 5 Kilometer vom Flughafen Trondheim entfernt, Thomas und Hanne. Thomas stammt ursprünglich aus unserem Heimatort und ist schon vor Jahren nach Norwegen ausgewandert, Hanne ist Norwegerin. Bei ihnen konnte ich die herzliche norwegische Gastfreundschaft kennenlernen und übernachten. Am nächsten Morgen fuhr mich Thomas zum Flughafen und ich flog zurück nach Oslo. Die knappe Stunde Flugzeit war schnell vorüber, das Gepäck ließ etwas auf sich warten, aber irgendwann hatte ich meinen Pilgerrucksack auf dem Rücken und konnte zum Bahnsteig schreiten, von dem aus meine Shuttlebahn ins Stadtzentrum fahren sollte. Gegen Mittag kam ich in Oslo S, wie der Hauptbahnhof heißt, an. Mein Weg führte mich zunächst ins Pilgerzentrum. Die ersten drei Kilometer mit dem schweren Rucksack bei brütender Sommerhitze. Schnell wurde mir klar: Das wird kein Spaziergang!

Der kleine Park gegenüber des Bischofsbüros und Pilgerzentrums, in dem der erste Meilenstein, „643 km til Nidaros" zu finden ist, stellt natürlich das erste Ziel eines jeden Pilgers und einer jeden Pilgerin dar. Schnell war das obligatorische Foto am Startstein geschossen. Ein Jogger, der in diesem Moment in meine Arme lief, absolvierte die Fotosession mit Bravour. Gegenüber auf der anderen Straßenseite, im Bischofsbüro, befand sich das Pilgerzentrum, in dem ich meine ersten Stempel in den Pilgerausweis gedrückt bekam. Hier traf ich auf zwei junge Dänen und ein deutsches Ehepaar, die von Oslo aus aber den Westweg gehen wollten. Wir würden uns also frühestens in Hamar oder Lillehammer wiedersehen, wünschten uns eine gute Zeit und Gottes Segen. Für den erhofften Pilgersegen fand sich niemand so recht zuständig. Der Bischof war wohl nicht im Haus. Die Begrüßung im Pilgerzentrum ging also eher geschäftsmäßig über die Bühne.

Meine Unterkunft für die letzte Nacht vor dem Start lag im Osten von Oslo, grob auch in Richtung des Pilgerweges. Das Domizil war nicht so einfach zu finden. Die Enttäuschung war leider am Ende groß. Da hatte ich mir eine schreckliche Absteige gebucht! Nichts funktionierte richtig, weder Herd noch Kaffeemaschine. Na ja, immerhin konnte ich den Fernseher nutzen!

Das Starterset

Am Startstein – 643 Km til Nidaros

Kapitel 2

Auf geht's – Von Oslo zur Pilgerherberge Aaraas

27.06.23

Ich muss gestehen, nicht an jedem Tag, aber immer wieder einmal schaue ich gern in das Büchlein mit den Losungen der Herrnhuter Brüdergemeine. Für jeden Tag des Jahres werden jeweils zwei Verse aus dem Alten und dem Neuen Testament als kleine biblische „Brothappen" ausgelost und im Losungsbüchlein abgedruckt, garniert mit kurzen Texten oder Liedversen. Nach der Lektüre der gestrigen Herrnhuter Losung mit Psalm 23 Vers 4: „Und ob ich schon wanderte im finsteren Tal, fürchte ich kein Unglück, dein Stecken und Stab trösten mich.", habe ich mich gefreut. Na, dann kann ja nichts passieren. Wenn das nicht eine schöne Zusage für meinen Pilgerweg ist!

Auf geht es! Früh um halb 7 Uhr fällt der Startschuss für die erste Etappe. Ich bin sehr zeitig gegen halb 6 wach geworden und will in dieser Absteige nicht länger verweilen. Zunächst geht es mehr als den halben Tag durch belebte Osloer Straßen. Das ist sehr anstrengend. Nicht nur der Lärm macht mir zu schaffen. Schon die kleinste Steigung bringt mich mit meinem schweren Rucksack und meinen fast 100 Kilogramm Lebendgewicht ins Keuchen. Meine Pulsuhr signalisiert mir, wann es zu viel wird, aber das spüre ich auch so. Auf den ersten Metern navigiert mich mein Smartphone. Nach einer knappen halben Stunde entdecke ich das erste Olavswegzeichen. Jetzt bin ich also auf dem richtigen Weg! Er ist gut gekennzeichnet. An Laternenpfählen, Brückenpfeilern, immer wieder findet das bald geübte Auge das nächste Zeichen. Das rote Kreuz wird mir in den nächsten Wochen zum Wegweiser werden. Es geht über Fußgängerampeln, durch Unterführungen, über Brücken, vorbei an Bahngleisen. Manchmal führen mich die Zeichen durch Betriebsgelände und Parks. Immer begleitet mich der Verkehrslärm. Die Füße fangen vom vielen Asphalt an zu glühen. Gut, dass ich die leichten Wanderschuhe gewählt habe. So läuft es sich wenigstens halbwegs komfortabel. Nur einmal, in einem Industriegelände, verliere ich kurz den Weg, übersehe ein Olavswegzeichen, merke es aber sofort und korrigiere mich. Dass Oslo auf so vielen Bergen liegt, ist mir bis heute nicht bewusst gewesen. Ständig geht es auf und ab. Insgesamt zeigt die Garmin-Uhr am Ende des Tages 490 Höhenmeter.

Der Weg durch den Stadtlärm wird immer wieder unterbrochen durch Kirchen, die sich aufreihen, wie auf einer Perlenschnur. Die Pilgerstempel einer jeden Kirche sind die Objekte meiner Begierde. An der Østre Aker Kirche drücke ich den ersten Stempel des Tages in den Pilgerausweis. Er liegt frei zugänglich in einer Art Briefkasten unter dem Schaukasten. Dieses Ritual wird sich in den nächsten Wochen noch oft wiederholen. Die Kirche selbst ist um diese Uhrzeit noch geschlossen. An der Kirche in Furuset wartet der erste Meilenstein auf mich. 623 Kilometer til Nidaros. Da kann etwas nicht stimmen, denke ich! 20 Kilometer bin ich noch nicht gelaufen. Aber diese rechnerischen „Schieflagen" werden mir noch oft begegnen. Schnell schieße ich ein Foto mit meinem Ruck-sack an den Stein gelehnt, denn es beginnt zu regnen und just in diesem Moment kommt der Hausmeister vorbei, erkennt in mir den Pilger und fragt mich, ob ich gern einen Stempel haben möchte. Ich bejahe freudig und er findet in dem etwas verkramten Pfarrbüro tatsächlich den Pilgerstempel. Ein net-tes kurzes Gespräch schließt sich an und schon zieht es mich weiter.

Nach 12 Kilometern verlangt mein Körper nach einer Stär-kung und ein kleines Café direkt am Weg kommt mir gerade recht. Ein Muffin und eine Tasse Kaffee für knapp 6 Euro, na ja Norwegen halt. Was mir hier und bereits auf den ersten Ki-lometern des Weges auffällt, ist der hohe Anteil an Menschen mit Migrationshintergrund in Oslo und auch tiefer im Land. Norwegen hat in den letzten Jahren offenbar sehr vielen Menschen eine neue Heimat und Perspektive gegeben. Nach-dem ich mir Muffin und Kaffee habe schmecken lassen, füllt der freundliche Angestellte des Cafés mir noch meine Trink-flasche mit frischem Wasser auf und es geht gut gestärkt für mich weiter. Ich erreiche bald die Stadtgrenze und der Olavs-weg führt nach den vielen Kilometern auf Beton nun in den Wald und auf einem felsigen, rutschigen Pfad immer bergauf. Das eine oder andere Mal bleibe ich stehen und muss mich erholen. Das Pilgern ist schon am ersten Tag schweißtreibend und anstrengend. Es dauert gefühlt eine Ewigkeit, aber ir-gendwann bin ich offenbar am höchsten Punkt des Tages an-gekommen. Von hier an wird es leichter. Weitere Pilger habe ich bis hierher nicht angetroffen, aber ein paar Hundebesit-zern bin ich auf ihrer Gassirunde immerhin begegnet.

Nachdem ich die Bergkuppe hinter mir habe, geht es gemütlich auf schmalen Pfaden durch den Wald immer wieder leicht bergab.

Auf der Pilgerbank an einer Waldlichtung mache ich eine kurze Pause, trinke einen Schluck Wasser und lasse die Strümpfe in der Sonne, die inzwischen wieder scheint, trocknen. Hier komme ich mit einem Norweger ins Gespräch, der mich danach fragt, was ich hier mache und der vom Olavsweg offensichtlich noch nie etwas gehört hat. Das sollte ich auf den nächsten Kilometern noch öfter erleben. Zumindest hier um Oslo herum scheint der Pilgerweg noch nicht so recht bekannt zu sein. Weiter geht es durch den Wald, bis erste Gebäude durch das dichte Blattwerk der Bäume schimmern. Ich komme zu einem größeren Gewerbegebiet in einem der Vororte von Oslo, laufe ein wenig an einem Fluss entlang und biege noch einmal auf eine Straße ab, die mich geradewegs zum heutigen Tagesziel führt. Ein letzter kurzer Anstieg liegt am Ende der Etappe vor mir.

Schon von Weitem kann ich den Hof der Aaraas Herberge erkennen und gegen 14 Uhr komme ich mit 19,3 Kilometern auf der Uhr an. Die Hausherrin Margarethe empfängt mich sehr freundlich. Sie führt gemeinsam mit ihrem Mann, der passenderweise Olav heißt, die Herberge seit einigen Jahren. Mit viel Liebe zum Detail haben sie den Hof umgebaut und neben einer großen Feierscheune auch die wunderbare Unterkunft für Pilgerinnen und Pilger gestaltet. Als erster Pilger des Tages kann ich mir mein Bett aussuchen. Prima! Der Hof ist gepflegt und frisch mit der typisch skandinavischen braunroten Farbe gestrichen. Ein extra Häuschen mit Küche und Sitzgelegenheit lädt die Gäste zum Verweilen ein. Überall auf dem Hof stehen Picknickbänke im Schatten der Hoflinden. Nach dem ersten anstrengenden Pilgertag ist das Sitzen im Schatten hier eine wirkliche Wohltat. Schnell finde ich mich unter der Dusche ein. Das Bad in Aaraas ist ein absolutes Highlight auf dem Olavsweg! Herrlich ist das nach den Strapazen des Tages. In der kleinen Küche gibt es noch etwas Kaffee und Gebäck. Das lasse ich mir schmecken. Heute Abend kocht Margarethe. Eine Pilgerin soll wohl noch kommen, sagt sie. Mit meinem Englisch komme ich ganz gut zurecht. Sie versteht mich und ich sie. Die Strapazen der Wanderschaft sind doch größer als gedacht und ich bin froh über die geschafften ersten Kilometer und die doch recht lange Zeit der Erholung bis morgen früh.

Gut zwei Stunden später kommt Doris, eine ebenfalls aus Deutschland stammende Pilgerin in der Herberge an. Wir kommen ins Gespräch beim gemeinsamen wohlschmeckenden Dinner, das uns unsere Gastgeberin kredenzt. Doris ist einige Jahre jünger als ich, wirkt absolut fit und durchtrainiert. Sie wird mit Sicherheit für den Weg nicht so viele Tage brauchen wie ich. Am Abend kommt noch ein weiterer Pilger, Ernest, ein junger Franzose. Er baut sein Zelt auf und übernachtet auf der Wiese auf der Rückseite des Bauernhauses. Wir werden also morgen zu dritt unterwegs sein. Recht früh gehe ich ins Bett, der heutige Tag war wirklich anstrengend und morgen wird es gewiss nicht leichter.

Pilgerherberge Aaraas

Netter Gemeinschaftsraum mit Küche

Kapitel 3

Vom Bauernhof Aaraas ins Rorburhaus Arteid Vestre –
Durch Feld und Flur entlang der E6

28.06.23

Nach einer erholsamen Nacht im Doppelstockbett wache ich
wieder recht früh auf und bin nach dem Frühstück, das uns
Margarethe schon bereitet und in den Kühlschrank gestellt
hat, auch der Erste von uns drei Pilgern, der sich auf den Weg
macht. Es ist noch vor acht und wird sicher wieder ein heißer
Tag werden. Die Sonne hat viel Platz, kein Wölkchen ist am
Himmel zu sehen. Zunächst führt der Weg den gestrigen letzten Anstieg wieder hinab bis zum kleinen Fluss und dann anschließend gleich wieder nach oben. Auf einem Schotterweg
werde ich sofort wieder mit meiner schlechten Kondition und
dem viel zu hohen Gewicht an Leib und Rucksack konfron-
tiert. Immer wieder wird die Luft knapp und ich muss mich
erholen. Oben auf dem Berg steht eine Pilgerbank. Welche
Wohltat!
Ich ruhe mich kurz aus, übersehe aber den Olavswegpfahl,
der nach links auf einen kleinen Pfad in Richtung Acker weist.
So laufe ich zunächst weiter auf dem Schotterweg und bemerke meinen Fehler erst knapp einen Kilometer später. Mist,
das war unnötig. Ich muss zurück und biege diesmal an der
Bank in die richtige Richtung ab. Der Weg führt nun am Feldrand entlang bis zum Wald und später nach unten in ein

kleines Tal. Danach wendet sich der schmale Pfad wieder nach oben und an dieser Stelle erlebe ich den einzigen richtig massiven Mückenangriff auf der ganzen Pilgertour. Als hätte er nur auf mich gewartet, umschwärmt mich ein riesiger Schwarm und ich kann nur mit Müh und Not verhindern, nicht total zerstochen zu werden. Bloß weg hier! So klettere ich die Treppenstufen aus Holz schnell aufwärts und fliehe auf flinken Füßen durch den Wald. Bald lasse ich ihn hinter mir und schlagartig bin ich auch die Mücken los. Ich laufe an Feldrändern und auf Feldwegen weiter auf und ab, bis ich an den Ortsrand von Skedsmo komme. Nachdem ich die ersten Häuser hinter mir gelassen habe, mache ich auf einer schönen schattigen Bank eine Pause und lasse mir das Lunchpaket schmecken, das ich mir am Morgen bereitet habe. Ein Ei noch und dann geht es für mich gut gestärkt wieder auf den Weg. Skedsmo ist ein ziemlich langgestreckter Ort. Am anderen Ende des Dorfes liegt der Friedhof, wie so oft in Norwegen ein wenig abseits und ganz ruhig.

Auf dem Friedhof entdecke ich die Skedsmo Kirke, ein hübsches und wie alle Kirchen in Norwegen sehr gut gepflegtes Gotteshaus. Vor der Kirche steht ein moderner und interaktiver „Schaukasten", der über die Schwerpunkte der Gemeindearbeit informiert. Offenbar ist die Konfirmandenarbeit einer der besonderen Schwerpunkte der Gemeinde. Die Kirche ist offen. Das freut mich und ich erkunde natürlich auch den Innenraum. Ein aus Holz geschnitzter Heiliger Olav fällt mir im Inneren der Kirche sofort ins Auge. Eine junge Frau mit offensichtlich asiatischen Wurzeln hat heute Präsenzdienst und

berichtet mir einiges über das Gemeindeleben und die Geschichte der Kirche.

Nach der Besichtigung der Kirche setze ich mich in den Schatten, breite meine Socken und Schuhe in der Sonne aus, lasse
sie trocknen und fülle meine Wasserflaschen auf dem Friedhof mit frischem Trinkwasser auf. Hier trete ich in Konkurrenz
zur Ringeltaube, die Tropfen für Tropfen mit verdrehtem Hals
aus dem Hahn schlürft. Es ist heiß in Norwegen! Irgendwann
kommt ein junger Mann mit einem Kranz in der Hand. Da ist
heute also noch eine Beerdigung geplant. Gut, dass ich so
früh da bin.

Während ich noch ein wenig in der Sonne sitze, kommt irgendwann Ernest, der Franzose, angestiefelt, holt sich kurz
seinen Stempel und läuft gleich weiter. Er hat es offensichtlich
eiliger als ich oder will einfach eine weitere Strecke laufen.
Bald sind Schuhe und Strümpfe trocken und ich setze mich
wieder in Bewegung in Richtung Frogner Kirche. Jetzt führt
der Olavsweg sehr viel an der Straße entlang. Bei der Hitze ist
das kein Vergnügen. Auch hier ist die eine oder andere Steigung zu überwinden. Irgendwann, bei etwa Kilometer 12,
kommt die Kirche von Frogner in den Blick. Sie ist komplett
eingerüstet und bekommt eine Generalsanierung der Außen-
hülle. Diese letzten Kilometer bis zur Kirche sind auf dem Asphalt Schwerstarbeit und ich bin froh, als der Olavswegpfahl
an der Straße auf die Felder zeigt, an denen entlang es bis zur
Kirche weitergeht.

Ich komme am Friedhof an und entdecke Ernest im Schatten
einer großen Platane. Er hat gerade seinen Campingkocher
angeworfen. Der junge Franzose schleppt ein ganzes Kilo

Spaghetti mit sich herum und hat dazu verschiedenen Soßen, mit denen er die Nudeln aufwertet. Ich schaue mir die Kirche und den Friedhof an und ergänze meinen Wasservorrat. Wir unterhalten uns ein bisschen, während er sich sein Mittagessen schmecken lässt. Nur wenig später kommt Doris flotten Schrittes um die Ecke gebogen. Ist sie also auch hier gelandet! Es gibt ein großes Hallo und wir verabreden uns, den Weg heute fortan gemeinsam bis zur Herberge zu gehen, denn unser Ziel ist für heute dasselbe. Doris und ich werden im Einkaufsmarkt in Frogner noch ein paar Lebensmittel shoppen, Ernest wird schon weiterlaufen bis zu seinem Shelter in Rulla, in dem er heute campieren will. Dort können wir später Abschied von ihm nehmen.

In Frogner gibt es einen Supermarkt und ein Café. Beides befindet sich in dem sogenannten Stadtzentrum, einer ziemlich leblosen Ansammlung von modernen Betonbauten. Eigentlich absolut untypisch für Norwegen. Im Supermarkt kaufe ich die Nudeln für das gemeinsame Abendessen, einen Apfel, etwas Müsli und ein paar Riegel für zwischendurch. Doris und ich setzen uns anschließend ins benachbarte Café und finden draußen ein schattiges Plätzchen unter dem Sonnenschirm. Für uns gibt es ein Getränk und eine Kleinigkeit zu essen. Wir kommen mit ein paar Einheimischen am Nachbartisch ins Gespräch, die sich für unsere Pilgertour interessieren und anerkennend unser Vorhaben bewundern. Wir sind aber noch ganz am Anfang. Eine knappe Stunde später geht es auf zum Endspurt. Noch gut 8 Kilometer liegen vor uns. Wir laufen zuerst wieder viel an der Straße entlang durch den Ort, vorbei an einem alten Viadukt, bis wir nach rechts in den Wald einbiegen. Wieder liegt ein schönes Stück Weg durch den dichten Wald vor uns, auf und ab führt der Pfad, vor allem aber hinauf. Wir kommen an einer historisch interessanten Stelle gegen Ende dieses Wegabschnittes vorbei. Die Olavslegende berichtet davon, dass der heilige Olav und seine Männer an dieser Stelle ihre Boote über den Berg geschoben haben. Hier befindet sich ein 200 Meter langer und 3 - 4 Meter breiter Riss im Berg. Diese Stelle wird auch St. Olavs Gang genannt. Von dort aus laufen wir steil bergab und verlassen den Wald. Auf einem Schotterweg treffen wir auf Ernest in seinem Unterstand, erzählen noch dies und das, laufen weiter auf dem Weg und verlieren prompt die Orientierung. Ich laufe an diesem Tag erneut einen guten Kilometer unnötigerweise in die Irre. Wir hätten schon vor dem Unterstand, in dem Ernest übernachten wollte, abbiegen müssen. Das wird uns deutlich, als wir auf dem Rückweg den versteckten und fast zugewachsenen Pfahl mit dem Wegzeichen entdecken. Nun laufen wir am Feldrand entlang und sehen in der Ferne schon Arteid Vestre, den Hof, auf dem sich unsere heutige Herberge befindet. Der Weg bis dorthin zieht sich gewaltig in die Länge und ich merke deutlich, dass die Hitze und die lange Wegstrecke heute ihren Tribut gefordert haben. Absolut erschöpft kommen wir am Hof an und bald lässt sich auch der Eigentümer sehen, zeigt und erklärt uns alles, was wichtig ist. Die Pilgerherberge besteht aus zwei alten Speicherhäusern. Das größere mit den Schlafräumen und einem Gemeinschaftsraum für die Pilger steht, wie das bei den ehemaligen Speichern üblich ist, auf steinernen Säulen. Dahinter steckte in früherer Zeit wohl der Gedanke, dass damit das Eindringen allerlei

Tiere in diese Häuser verhindert werden sollte. Das kleinere Haus beherbergt das gut ausgestattete Bad. Doris bezieht ein Zimmer in der oberen Etage, ich schlafe Parterre. Das Kämmerchen ist gut belüftet. Durch die Ritzen zwischen den Fußbodenbrettern pfeift der Wind. Aber das ist heute auch egal, es wird nachts nicht kalt werden, soviel weiß ich schon, denn mein Schlafsack funktioniert wunderbar. Doris zaubert ein leckeres Nudelgericht, ich dusche mich im kleinen Nebenhaus und hänge meine von Hand gewaschene Kleidung in den Wind und in die Sonne. Die allgemeine Pilgerroutine beginnt zu greifen. Wir lassen uns ein alkoholfreies Bier aus dem Kühlschrank schmecken, genießen die lauen Abendstunden und kommen gut ins Gespräch miteinander. Doris arbeitet in einem großen Unternehmen in der Krebsforschung und hat auch eine längere berufliche Auszeit genommen, um diesen Pilgerweg zu laufen.

Pilgerherberge Arteid Vestre

Kapitel 4

Von Arteid Vestre nach Jessheim - Allein durch den Wald

29.06.23

Fast jede Pilgerin und jeder Pilger hat mindestens einen der gängigen Pilgerführer im Rucksack. Ich habe die vier deutschsprachigen Pilgerführer im Vorfeld gelesen und mich am Ende für das kleine gelbe Buch aus dem Outdoor-Verlag entschieden. Dieser Pilgerführer gliedert die Olavswegwanderung über den Ostweg in 32 Etappen. Bei den beiden ersten Etappen habe ich mich an die Vorgabe im Buch gehalten. Heute ist das anders. Im Pilgerführer führt die dritte Etappe über knapp 33 Kilometer bis zur Herberge Risebru. Das war mir schon im Vorfeld für den 3. Tag zu viel. Deshalb habe ich mir eine Airbnb Unterkunft in Jessheim gebucht. Bei Pjotr, einem polnischen Einwanderer und Junggesellen mit Hund, soll ich für diese Nacht Unterschlupf in einer modernen Wohnung mitten in Jessheim finden. Laut Pilgerführer sind es bis nach Jessheim gut 15 Kilometer. Das sollte doch gut zu schaffen sein. Gestern habe ich gemerkt, dass das Tempo von Doris für mich einfach zu flott ist. Nur mit letzter Kraft konnte ich mit ihr mithalten. Deshalb lasse ich sie heute schon losziehen und bleibe noch einen Moment in der Herberge, um mir Notizen für meinen Blog zu machen. So starte ich etwas später als sonst meinen heutigen Weg. Er führt mich nach dem Überqueren des Hofes durch sehr dünn besiedeltes Gebiet und an vielen

Feldern vorbei. Ein Bauer ist gerade dabei, Gülle auf seinem Acker zu verteilen. Der Geruch ist mir wohl vertraut. Schnell sehe ich, dass ich hier vorbeikomme.

Nach knapp zwei Kilometern überquere ich die E6. Sie soll für die nächsten Tage immer wieder meine Begleiterin sein. Ein paar Fotos von der Brücke müssen sein. Dann laufe ich weiter parallel zur E6, deren Lärm durch eine Lärmschutzwand etwas abgemildert wird. Plötzlich stehe ich auf einem Golfplatz. Überall sind schon am frühen Morgen die Golfer auf dem Miklagard Golfplatz unterwegs und prügeln ihre Bälle in Richtung Horizont. Auf den Golfplatz folgt eine Tankstelle mit ein paar Picknickbänken und die bieten mir die Gelegenheit, mich auszuruhen, etwas zu essen und zu trinken, meine Füße zu lüften und die Strümpfe zu trocknen. Immer wieder tröpfelt es leicht, hört aber sogleich wieder auf. Heute ist es etwas angenehmer zu laufen. Die Temperaturen liegen um die 20 Grad und der Himmel ist zumeist bedeckt. Die kleinen Schauer zwischendurch stören mich eigentlich nicht. Dennoch muss ich auch heute viele Kilometer an der Straße entlanglaufen. Das ermüdet irgendwann wahnsinnig. Die Fußsohlen brennen wieder wie Feuer. Da sind die Pausenstops an den Kirchen immer willkommen. Heute säumt eine besondere und interessante Kirche meinen Weg. Die Kirche von Ullensaker, auf die ich bei Kilometer 5,4 stoße, wurde erst in den 50er Jahren gebaut, nachdem die Vorgängerkirche, eine Stabkirche aus Holz, abgebrannt war. Es scheint in Norwegen öfter vorzukommen, dass Kirchen brennen. In dem Fall war es wohl ein Blitzschlag bei einem Unwetter, der den Brand verursacht hat. Die heutige Kirche wird auch Romeriksdomen genannt. Romeriken heißt diese Region hier nördlich von Oslo. Die Ullensakerkirche hat mit ihren mehr als 500 Sitzplätzen tatsächlich das Zeug zum Dom. Die große Hallenkirche mit angebautem Gemeindezentrum ist mit einer absolut einzigartigen Akustik gesegnet. Ein paar Töne muss ich singen, das kann ich mir nicht verkneifen. Ich nehme im Anschluss an meine Kirchenbesichtigung auf der Bank vor dem Kirchenportal Platz, stemple meinen Pilgerausweis, der sich langsam, aber sicher füllt, ergänze meinen Trinkwasservorrat auf dem Friedhof und verschnaufe noch einmal für einige Minuten. Die Kirche ist geöffnet, so wie viele Kirchen auf dem Pilgerweg. Das ist großartig. In den Büchern, die ich zum Olavsweg gelesen habe, wird oft beklagt, dass die meisten Kirchen geschlossen sind. Ich kann das bis hierher nicht bestätigen. Da hat sich offenbar einiges getan und viele Gemeinden versuchen, wenigstens am Nachmittag ihre Kirche offen zu halten. Oft gibt es auch einen Pilgerkaffee und ein paar Kekse. Im Unterschied zu meiner Heimat Sachsen-Anhalt gibt es in Norwegen längst nicht in jedem Dorf eine Kirche und so hat es schon seinen guten Grund, dass die Kirchen für unsere Verhältnisse alle ziemlich groß zu sein scheinen. Ich trage mich ins Gästebuch ein und laufe nach einer guten Dreiviertelstunde weiter. Erstmals entscheide ich mich für eine alternative Strecke und verlasse für ein paar Kilometer den ausgewiesenen Olavsweg. Ermüdend ist dieser Wegabschnitt trotzdem. Heute strapazieren bisher nur Asphalt und Schotterbeläge meine Füße.

Als die beiden Wege wieder zusammenführen, ist der ersehnte Wald mit seinem Schatten und dem angenehmen Geläuf schon in Sicht. Die letzten fünf Kilometer vor Jessheim verlaufen durch ein schönes Waldstück auf weichen Pfaden. Der Weg führt immer wieder leicht hinauf und hinab, bis es wieder aus dem Wald hinausgeht und die Stadt Jessheim in Sicht kommt.

Nun geht es wieder auf hartem Boden weiter und ich begehe einen folgenschweren Fehler. Ich gebe meine Zieladresse falsch in die Navigationsapp ein und bemerke den Fehler erst, als ich nach zwei Kilometern am vermeintlichen Ziel angekommen bin. Auf dem Foto im Internet sah das Haus, in dem Pjotr wohnt, doch ganz anders aus! Ich checke das alles noch einmal und muss feststellen, dass ich mich vertan habe. Ich muss die zwei Kilometer zurücklaufen, um dann noch einmal weitere zwei Kilometer zu Pjotrs Wohnung zu laufen. So liege ich am Ende heute auch bei fast 20 Kilometern. Unterwegs unterzuckere ich, habe wohl zu wenig gegessen, rette mich mit letzter Kraft in eine Pizzeria und bestelle irgendeine Pizza. Die schmeckt lecker, ist aber viel zu groß, so lasse ich mir die eine Hälfte einpacken und suche erst einmal die Wohnung von Pjotr auf, um endlich den Ballast auf dem Rücken loszuwerden. Heute ist mir eins klar geworden: Mein Rucksack ist definitiv zu schwer. Das kann so nicht bleiben. Ich muss da etwas Ballast loswerden. Auf dem Weg zum Domizil für diese Nacht fällt mir ein Kaufhaus mit einer Poststelle auf. Da muss ich heute noch hin! Bei Pjotrs Adresse angekommen, gestaltet sich die Wohnungsfindung in der riesigen Mietskaserne nicht so einfach, aber er hat mir alles gut beschrieben und so finde ich erst den Schlüssel in seinem Briefkasten, nach einer Weile und dem nochmaligen Studium seiner Fotos auch die Wohnung. Ich bin völlig am Ende, werfe ich mich auf das Sofa in der Küche und bleibe für mindestens 20 Minuten liegen. Danach koche ich mir einen Kaffee sortiere meine Klamotten durch. Ein recht großes Häufchen an entbehrlichen Dingen kommt da zusammen.

Es sind am Ende 2,2 Kilogramm, die ich ab morgen weniger tragen muss. Eine ganze Menge! Erstmals kommt mein kleines Einkaufsbeutelchen zum Einsatz und ich bringe meine aussortierten Dinge zur Post. Dort gibt es glücklicherweise leere Kartons. Ich packe die Sachen ein, schicke sie an Thomas und Hanne und bin erleichtert. Morgen wird es besser werden! Wieder in der Wohnung angekommen, stelle ich mich unter die Dusche. Auch das ist eine Wohltat. Nun muss ich noch ein bisschen Wäsche waschen, dann ist die allgemeine Tagesroutine erledigt. Pjotrs Wohnung ist modern ausgestattet, sogar ein Thermomix steht auf dem Küchenschrank. Den werde ich heute nicht brauchen. Ich habe schließlich noch die halbe Pizza. Die mundet dann am Abend auch sehr. Leider stelle ich an meinem rechten kleinen Zeh eine gerötete Stelle fest. Eine Blase scheint sich anzukündigen. Hoffentlich wird das nicht schlimmer. Mal schauen, wie es sich morgen früh darstellt!

Ullensaker Kirke

Eindrucksvoller Mehrzweckbau

Kapitel 5

Von Jessheim nach Risebru – „Hybrid" unterwegs

30.06.23

Leider habe ich in der letzten Nacht nicht gut geschlafen. Irgendwie war ich nach dem gestrigen Stress noch voller Adrenalin und kam einfach nicht zur Ruhe. Mein rechter Fuß fühlt sich nicht gut an. Ich habe ein wenig Angst davor, heute die volle Distanz zu laufen. Es sind zwar nicht so viele Kilometer bis zur Herberge in Risebru, aber es wird wieder viel Asphalt zu bewältigen sein. Ich beschäftige mich mit dem regionalen Busverkehr und finde tatsächlich eine Buslinie, die in Richtung Risebru verläuft. Der Bus hält nicht direkt dort, aber ein paar Kilometer davor. Kurzentschlossen entscheide ich, heute einen Teil der Strecke tatsächlich mit dem Bus zurückzulegen, um ein bisschen Kraft zu sparen und meinen Füßen etwas Gutes zu tun. Schließlich habe ich gelesen, dass man als Pilger gut zu sich sein soll. Das hat Vorrang vor ehrgeizigen sportlichen Zielen. Diese Erkenntnis wird mir später auf meinem Pilgerweg noch deutlich vor Augen geführt werden!
Bis zum Busbahnhof laufe ich gut zwei Kilometer durch die Stadt. Schnell ist er gefunden. Ich habe noch Zeit, bevor der Bus startet und besuche die Shoppingmeile im Zentrum von Jessheim. In der Sportabteilung schaue ich mich etwas um und kaufe mir einen Notfallponcho für fünf Euro, ein kleines leichtes Plastikteil für den absoluten worst case. Der sollte

allerdings nie eintreten. Gegen 11.00 Uhr fährt der Bus ab. Ich bin der erste Fahrgast. Der Fahrer sieht meinen großen Rucksack und fragt mich, ob ich ein Pilger sei. Als ich das bejahe, winkt er mich durch. Sehr nett! Die Preise im öffentlichen Nahverkehr sind zwar in Norwegen vergleichsweise günstig, aber man nimmt, was man kriegen kann. Ich komme gut 30 Minuten später an mein Ziel, steige aus und wende meinen Schritt sogleich in Richtung Risebru. Schnell kommt auch das erste Wegzeichen in den Blick. Ich bin hier richtig. Für die noch zu laufenden gut vier Kilometer brauche ich eine Stunde und komme um die Mittagszeit in der Herberge an. Die Herbergsmutter ist gerade dabei, die Spuren der letzten Nacht zu beseitigen. Gestern war das Haus gut belegt. Auch den Eintrag von Doris im Gästebuch finde ich auf Anhieb.

Die Pilgerherberge Risebru liegt an einer alten Brücke über das Flüsschen Rise, das hier entlangfließt. Die Brücke wird heute nicht mehr gebraucht, aber steht immer noch in der Nähe der Herberge und ist ein beliebtes Fotomotiv. Die Herberge gefällt mir auf Anhieb. Es ist ein kleines Holzhaus am Rande eines Bauernhofes mit einer Dusche und Waschmaschine, Küche und einem Aufenthaltsraum in der unteren Etage. Über eine steile Treppe erreiche ich die Schlafräume und suche mir gleich ein Bett aus. Mal schauen, wer da heute noch kommen wird. Risebru ist für viele Pilger, die mit dem Flugzeug anreisen, der erste Übernachtungsort nach der Ankunft auf dem Flughafen Gardermoen. Ich koche mir, nachdem ich mein Schlafgemach eingerichtet habe, einen Kaffee und ruhe mich ein wenig aus. Meine Gastgeberin kommt und kassiert den fälligen Obolus für die Übernachtung und drückt mir den Stempel in den Pilgerausweis. So sind die bürokratischen Dinge alle schon frühzeitig erledigt. Sie interessiert sich nicht weiter für mich und berichtet nur, dass wohl noch weitere Pilger kommen werden. Bis dahin lege ich mich ein wenig aufs Ohr und hole den verpassten Nachtschlaf nach.

Am späten Nachmittag kommen weitere Pilger an, zwei junge Endzwanziger aus Deutschland. Franzi und Simon heißen sie und im Gespräch stellt sich schnell heraus, dass beide Mediziner sind, gerade ihr Studium beendet haben und vor dem nächsten Ausbildungsgang zum Facharzt stehen. Die beiden richten sich ein, bald sitzen wir gemeinsam um den Sofatisch herum und kommen ins Gespräch. Franzi und Simon sind drei Tage unterwegs und haben große Probleme mit Blasen an den Füßen. Im Grunde sind bei beiden die Füße schon jetzt komplett verpflastert. Na ja, denke ich, Mediziner eben, die kriegen zuletzt mit, wie es ihnen selbst geht. Franzi hat darüber hinaus einen viel zu schweren Rucksack. Simon macht sich über die „halbe Küche" lustig, die sie offensichtlich mitschleppt. Auf den letzten Kilometern haben sie ihre Rucksäcke getauscht. Da gibt es also auch hier Handlungsbedarf und am nächsten Morgen werden sicher einige Küchenutensilien in der Herberge bleiben.

Irgendwann fragen sie mich, was ich beruflich mache, und ich muss mich als Pfarrer outen. Simon lacht und erzählt mir, dass sein Opa und auch sein Vater ebenfalls Pfarrer seien. Wo er wohne, frage ich beiläufig. In Bayern ist seine Familie zu Hause berichtet Simon, sein Opa aber wohne in Halle. Ich frage nach seinem Namen und als er mir den sagt, klingelt es. Seinen Opa kenne ich. Er war früher während meiner

Studienzeit Propst in Halle. Davor war er Pfarrer in Loburg, in unserem jetzigen Nachbarort. Mit Simons Vater habe ich zusammen studiert. Er war nur ein Studienjahr unter mir an der Uni. Simon zückt schnell das Handy und ruft seinen Vater und seinen Opa an. Beide bestätigen, was ich ihm erzählt habe. Glück gehabt! Ich bin also kein Hochstapler.

Wir haben an diesem Abend noch etwas Smalltalk und ich gehe wiederum recht früh ins Bett. Für den nächsten Tag wünschen wir uns einen guten Weg und verabreden, uns irgendwo zu treffen. Ich werde wohl wieder sehr früh aufbrechen. In der Nacht kühlt es sich ab, es gewittert und regnet ziemlich stark, der Regen donnert nur so auf das Hüttendach und immer wieder blitzt es hell, aber das stört mich recht wenig.

Die Risebru – Brücke über das Flüsschen Rise

Kapitel 6

Auf nach Eidsvoll - Ein Stück norwegische Geschichte erleben

01.07.23

Es ist wieder recht früh am Morgen, als ich in Risebru aufbreche. Ich genehmige mir vor dem Aufbruch noch einen Kaffee und mein morgendliches Müslifrühstück aus selbst zusammengemixtem Müsli und Milchpulver. Dann geht es auf den Weg. Es sind deutliche Spuren vom nächtlichen Gewitter und Starkregen zu erkennen. Breite Rinnen und Furchen sind in den Schotterbelag der Straße gewaschen worden. Da kam offensichtlich jede Menge Wasser heute Nacht herunter. Ziel der heutigen Etappe ist Eidsvoll, jener Ort, den ich schon bei der Anreise kurz besucht hatte. Nun bin ich also tatsächlich als Pilger unterwegs und werde heute dort mit dem Rucksack auf dem Rücken ankommen und Quartier im alten Pfarrhaus beziehen. Bis dahin sind es laut Pilgerführer rund 15 Kilometer, also wiederum eine gut machbare Strecke.

Nur wenige Schritte bin ich gelaufen und schon stehe ich vor dem „Aufwecker", einem steilen, vom nächtlichen Gewitter ebenfalls zerfurchten Schotterweg, der mich sofort auf Betriebstemperatur bringt. Zum Glück ist er nicht allzu lang. Ich laufe anschließend durch eine verschlafene Häusersiedlung und biege später auf den parallel zur Straße verlaufenden Radweg ab. Diesem folge ich nun für einige Kilometer, bis die

Kirche in Raholt in Sichtweite kommt. Den spitzen Turm sehe ich schon von Weitem. Der Ort scheint nur diese eine Straße zu besitzen und zieht sich unheimlich in die Länge. Doch nach einigen Minuten sitze ich schließlich an der Kirchentür auf der Bank, lüfte meinem „Pilgerritual" folgend Schuhe und Strümpfe und schaue mich nach dem Pilgerstempel um. Den entdecke ich schließlich an der Beerdigungskapelle, die sich am Rande des Friedhofes befindet. Die Kirche selbst ist verschlossen. Sie öffnet zweimal in der Woche nachmittags ihre Pforten, immer dienstags und donnerstags. Da habe ich heute leider kein Glück. Es ist Sonnabend.

Ich setze meine Tagesetappe nach einer halben Stunde Pause fort und muss noch weiter an der Straße entlang dem Radweg folgen, bis ich die Ortschaft Raholt verlasse und nach knapp drei Kilometern an den Ort komme, der für die Geschichte Norwegens eine ganz zentrale Bedeutung hat.

In Eidsvoll Verk wurde am 17. Mai 1814 die erste norwegische Verfassung verabschiedet. Norwegen war seitdem ein eigenständiger Staat und koppelte sich so von Dänemark ab, zu dessen dänisch-norwegischem Reich das Land bis dahin gehörte. Der Unternehmer und Politiker Carsten Anker, der lange in Kopenhagen lebte und einer der engsten Berater des dänischen Prinzen war, stellte seinen privaten Wohnsitz, das Eidsvollbygningen in Eidsvoll Verk für diese erste Nationalversammlung zur Verfügung. Heute beherbergt das Gebäude ein Museum. Es wurde zur Zweihundertjahrfeier 2014 umfassend saniert und auch der Park lädt heute zum Verweilen ein. Das Eisenwerk aus der damaligen Zeit gibt es nicht mehr. Nur noch einige Gebäude sind erhalten geblieben. Am Gebäudekomplex fließt der Fluss Andelva vorbei, an dem es eine Freude ist, entlangzupilgern. Doch bevor ich mich auf diesen Weg begebe, besuche ich das Café in Eidsvoll Verk, bestelle meinen kostenlosen Pilgerkaffee und lasse mir den Stempel ins Ausweispapier drücken. Wie überall in Norwegen, werde ich sehr nett von den jungen Damen am Tresen begrüßt und kann mich über einen leckeren Kaffee inclusive Nachfülloption freuen.

Eigentlich hatte ich damit gerechnet, dass mich Franzi und Simon spätestens hier einholen. Sind die jungen Leute doch um einiges schneller unterwegs als ich älterer Herr, aber ich bin offensichtlich doch sehr viel früher gestartet als die beiden. So laufe ich nach dem Kaffeegenuss weiter und komme zu der für mich bisher schönsten Pilgerstrecke. Am Fluss entlang verläuft der Weg leicht mäandernd sowie für mehrere Kilometer auf und ab. Einige Hundebesitzer nutzen den Weg offensichtlich auch für eine Runde mit den Vierbeinern. So lasse ich immer wieder ein freundliches „Hejhej" erklingen, wenn ich die Hundemütter und -väter überhole oder ihnen begegne. Irgendwann wird es sehr laut, ich nähere mich einem Wasserfall. Es ist der Fluss, der hier etwas angestaut wird und dann mit einer Fallhöhe von gut 10 Metern gen Tal donnert. Der Pilgerweg führt direkt bis zur Uferkante und ein Stück an ihr entlang, bis ich zu einer Brücke komme, die es zu überqueren gilt. Nun muss ich dem Fluss Adé´ sagen und laufe auf einem Weg bis zur Straße, vorbei an einem Sportplatz. Über die Straße hinüber führt der Pilgerweg, um auf der anderen Seite schnell im Feld zu verschwinden. Zwischen hohem Getreide hindurch verläuft der Olavsweg tatsächlich direkt über den

Acker bis zu einem kleinen Waldstück, in das es erst einmal steil hinabgeht. Der Boden ist noch recht feucht von der Regennacht und so muss ich höllisch aufpassen, nicht auszurutschen. Kaum unten angekommen, geht es in derselben Weise wieder hinauf. Wieder ist äußerste Achtsamkeit gefragt. Aber inzwischen bin ich schon recht gut eingelaufen und habe keine Probleme damit, auch diesen Abschnitt sicher zu absolvieren.

Eine gute Hilfe sind in solchen Passagen meine beiden Wanderstöcke. Nach dem Aufstieg wartet mitten im meterhohen Gras eine etwas abgewetzte Pilgerbank auf den verschwitzten Pilger. Sie ist ein bisschen eingewachsen, aber ich mache es mir trotzdem bequem auf dem Picknickbänkchen, das ganz offensichtlich auch schon bessere Tage gesehen hat. So erhole ich mich von den bisherigen Strapazen. Ich habe mich an das Laufen allein inzwischen gut gewöhnt und genieße es, allein und in meinem Tempo unterwegs zu sein. Dabei hänge ich meinen Gedanken nach und kann es auch gut aushalten, wenn der Kopf einfach nur leer ist. So ein wenig scheine ich in meinem Pilgerdasein anzukommen. Mal schauen, wer sich heute Abend im alten Pfarrhaus alles zu mir gesellt.

Immer wieder schaue ich zurück, aber bisher gibt es keine Spur von Franzi und Simon. In der Kartenapp studiere ich den weiteren Wegverlauf. Dabei stelle ich fest, dass meine App einen anderen weiteren Routenverlauf anzeigt als die Olavswegzeichen vor Ort. Ich entscheide mich diesmal für die App und kürze ein paar Meter ab. Dadurch muss ich nicht um das Gefängnis herumlaufen, das sich hier befindet. Vielleicht ist es auch eine Art Forensische Klinik, wie wir sie bei uns in der Heimat haben.

Nun liegen wieder einige Kilometer Asphalt vor mir. Der Weg in die Ortslage von Eidsvoll führt an der Straße entlang auf dem Fußweg und schon von Weitem kann ich die etwas im Tal liegende Kirchturmspitze von Eidsvoll ausmachen. Nun wird der Rucksack auf diesen letzten Kilometern doch wieder schwer und ich bin froh, als ich ihn endlich absetzen kann.

Am Samstag wird in Norwegen geheiratet und so komme ich auch heute hier in Eidsvoll just in dem Moment an, als eine Hochzeit gerade starten soll. Alles wartet noch auf die Braut, die an Vaters Arm auf den Friedhof und in die Kirche schreitet, als ich meinen Rucksack am Friedhofseingang auf die Bank stelle. Durch die Hochzeit habe ich die Chance, vielleicht doch an meinen Stempel zu kommen, denn die Kirche in Eidsvoll ist sonst um diese Zeit nicht geöffnet.

So bleibe ich in der Nähe der Kirche, fotografiere den Meilenstein und ruhe mich im Schatten der großen Linden aus. Nach nicht einmal dreißig Minuten ist die Hochzeit beendet. Das ging aber schnell, denke ich. Im Anschluss komme ich mit Bengt, dem Pfarrer ins Gespräch. Er gesteht mir, dass Hochzeiten nicht gerade sein Steckenpferd sind. Zu sehr sieht er sich hier als Servicedienstleister für den „schönsten Tag des Lebens". Kaum jemand hört richtig zu, wenn er predigt. Ich kann ihn ein gutes Stück verstehen. Meinen Stempel bekomme ich, die Toilette, die es natürlich auch in dieser Kirche gibt, kann ich selbstverständlich benutzen und nun warte ich eigentlich nur noch auf die beiden Mediziner. Ich setze mich in den Schatten, lehne mich an den Meilenstein, aber niemand kommt. Ich weiß, dass Franzi heute noch ein gutes Stück zu einem kostenlosen Shelter weiterlaufen möchte. Sie werde ich also nicht wiedersehen, wenn wir uns heute nicht noch begegnen. Simon hat sich gestern noch nicht entschieden, wo er heute übernachten möchte. Ich warte noch eine Stunde am Meilenstein und rufe dann doch meine Gastgeberin an. Wir verabreden uns in einer Viertelstunde am alten Pfarrhaus. Das liegt am Dorfrand von Eidsvoll etwas oberhalb des Friedhofs und der Kirche. Es ist ein imposantes zweistöckiges Gebäude aus der Biedermeierzeit, also Mitte des 19. Jahrhunderts. Den Park und die imposanten großen Linden, die den Weg zum großen weißen Haus auf den Fotos im Pilgerführer säumen, gibt es nicht mehr. Alles ist abgeholzt und mit neuen jungen Bäumen bepflanzt worden. Auch die Straße wurde erneuert.

Mich begrüßt der letzte Bewohner des ehemaligen Pfarrhauses, ein Amtsbruder im Ruhestand. Er berichtet mir, dass er gerade zwei junge Pilger unten an der Kirche gesehen hat. Da war ich also nur ein kleines bisschen zu früh, schade. Mit viel Liebe zu seinem ehemaligen Zuhause erklärt er mir die Spielregeln und lässt sich dabei unendlich viel Zeit. Ich will eigentlich nur noch unter die Dusche, aber das ignoriert er freundlich und spult sein ganzes Programm ab, bis hin zur Feuerleiter für den Ernstfall, falls das Haus abbrennt. Irgendwie scheinen die Norweger eine merkwürdige Affinität zu Bränden zu haben. Das wird mir auch noch an anderen Stellen deutlich werden. Möglicherweise hängt das tatsächlich mit dem Holz als oft verwendeten Baustoff zusammen.

Im Haus residiert heute auch eine Laienschauspieltruppe, überall stehen Requisiten im Flur und Kostüme sind zu sehen. Für die Pilger steht gut die Hälfte des Hauses zur Verfügung. Es atmet den Geist des 19. Jahrhunderts, herrlich. Ich suche mir ein Bett aus, schreibe für die Feuerwehr auf das Whitebord am Eingang des Hauses, in welchem Raum ich schlafe und alles ist erstmal geritzt.

Nun kann ich endlich duschen und das genieße ich in vollen Zügen. Es war heute wieder recht warm und gab doch so manchen schweißtreibenden Abschnitt. Das Haus ist etwa 150 Jahre alt. Ich glaube, die elektrische Anlage ist auch nicht viel jünger. Jedenfalls stecke ich mein Handyladegerät in eine der wenigen Steckdosen und es gibt einen Knall. Danach brennt weder Licht, noch funktioniert die Steckdose. Ich mache mich auf die Suche nach der Verteilung und finde sie im Nachbarraum. Ich drücke die herausgesprungene Sicherung wieder rein, versuche es nochmal mit dem Ladegerät fürs Handy, aber nichts geht mehr. Das hat sich mit dem Knall offenbar verabschiedet. Na prima. Es ist Wochenende, ich sitze hier in der Pampa und kann mein Handy nicht mehr laden. Das bedeutet, ich muss jetzt nochmal los und versuchen, ein neues Ladegerät irgendwo zu bekommen. Ich weiß aus einem Gespräch mit meinem Gastgeber, dass es ein Einkaufs-zentrum in Richtung Autobahn gibt, so etwa 3-4 Kilometer entfernt. Also mache ich mich auf den Weg und habe tatsächlich Glück, dass sich in dem Gewerbegebiet am Rand von Eidsvoll auch ein Baumarkt befindet. Diesen steuere ich an, werde glücklicherweise auch fündig und kann das letzte Gerät seiner Art ergattern. Da ich aber auch noch ein paar Lebensmittel benötige, gehe ich weiter in Richtung Autobahn bis zum Extra-Markt und kaufe dort noch ein paar Dinge fürs Abendbrot sowie die nächsten Tage ein. Auch ohne Rucksack werden die letzten Kilometer des Tages doch noch einmal lang und ich bin froh, als ich endlich wieder im Pfarrhaus ankomme. Simon scheint doch weiter gelaufen zu sein und so werde ich diese Nacht allein im großen Pfarrhaus verbringen. Es gibt keine Möglichkeit der Verdunkelung, aber ich bin so müde, dass ich auch in dem fast taghellen Raum schnell einschlafe.

Mein Zuhause für eine Nacht – Pfarrhaus Eidsvoll

Kapitel 7

Von Eidsvoll Süd nach Eidsvoll Nord – Der erste Regentag

02.07.23

Ich wache wieder recht früh auf. Es blitzt und donnert, die ersten Regentropfen prasseln gegen das Fenster. Das kann heute grenzwertig werden, durchfährt es mich. Meinen ursprünglichen Plan, am heutigen Sonntag in Eidsvoll den Gottesdienst zu besuchen und danach noch ein kleines Stück bis zur Haug Herberge zu laufen, muss ich begraben. Heute wird hier im Ort kein Gottesdienst sein, sondern in Raholt. Zurückzulaufen ist keine Option für mich.

Diese besondere „Pilgerweisheit" haben wir schon vom alten Erich Honecker so vernommen: „Vorwärts immer, rückwärts nimmer!" Ich frühstücke zunächst in der riesigen Küche des Gamle Prestegards und warte ein wenig ab, ob sich die Wetterlage verändert. Tatsächlich wird es etwas ruhiger und ich beschließe, es doch zu versuchen und breche auf. Ich bin ganz allein an diesem Sonntagmorgen unterwegs. Kein Mensch ist auf der Straße. Der ganze Ort schläft noch. Ich komme zur Kirche, auch hier sehe ich keine Menschenseele. Der Olavsweg verläuft an der Kirche vorbei hinab in Richtung Mjösasee bzw. in Richtung des Flusses Vorma, der bei Eidsvoll in den Mjösasee mündet. Steil geht es abwärts, bald sehe ich den

Fluss und den südlichsten Ausläufer des größten Binnensees in Norwegen.

Ich laufe über eine alte Brücke auf die andere Seite des Flusses und dort wieder einen Berg hinauf. Der Weg schlängelt sich wieder ein Stück nach oben und ich kann der gut markierten Strecke ohne Weiteres folgen. Immer auf dem Fuß- bzw. Fahrradweg führen die Zeichen mich schließlich aus dem Ort heraus auf die Landstraße, an der ich ein paar Kilometer entlanglaufe. In dieser Zeit wird es wieder dunkel und zieht sich zu. Schließlich beginnt es kräftig zu schütten. Ich habe die Regenjacke glücklicherweise bereits beim Start angezogen. An einer Kreuzung biegt mein Weg nach links ab und ich sehe schon in wenigen hundert Metern Entfernung die Haug Herberge. Ein kleines Selbstversorgerhaus. Dort werde ich mich unterstellen und abwarten, ob sich die Wetterlage bessert!

Den Schlüsselcode für den Türschlüssel kenne ich aus meinem Reiseführer. So dauert es nur einen kurzen Moment, bis ich im Trockenen bin. Bis hierhin bin ich schon sieben Kilometer auf den Beinen gewesen. Die Haug Herberge ist zwar eine Selbstversorgerhütte, die freundlichen Gastgeber bieten aber dennoch ein paar Lebensmittel für den hungrigen Pilger an. Alles ist gut in durchsichtigen Plastikkisten verpackt. Da scheint es hier wohl hin und wieder ein paar Tierchen zu geben. Ich orientiere mich zunächst einmal in dieser kleinen alten Holzhütte. Da ist unten an der einen Seite des Hauses noch eine Baustelle, die Betten sind oben und über eine steile schmale Treppe zu erreichen. Im Kühlschrank finde ich Eis. Das ist doch mal was! Schnell verspeise ich mit viel Genuss das Eis und versöhne meine Stimmung so mit dem schlechten

Wetter. Der Regen prasselt jetzt noch stärker auf das Dach und die Wände. Das wird heute wohl eine schwierige Geschichte. Ich beschließe, hier weiter abzuwarten. Das Gästebuch liegt an der Treppe, ich finde die Eintragungen von Doris und Simon. Sie hat die Gewitternacht vor zwei Tagen im Gewächshaus verbracht, das draußen im Garten steht und ein Doppelbett beherbergt. Simon hat die letzte Nacht auch allein hier in diesem kleinen Hexenhäuschen verbracht. Vom Gewächshausbett aus hat Doris offenbar das eindrucksvolle nächtliche Gewitter vor zwei Tagen verfolgt. Jedenfalls schrieb sie das ins Gästebuch

Ich lege mich ein wenig aufs Ohr und studiere den Pilgerführer. Die nächste Übernachtungsmöglichkeit ist etwa 15 Kilometer entfernt mitten im Wald. Danach wäre dann noch einmal 6 Kilometer weiter die Herberge Sannfredstun von Sandra und Manfred, zwei deutschen Auswanderern. Das will bei dem Wetter gut überlegt sein. Noch einmal studiere ich den Wetterbericht in den verschiedenen Wetterapps, die ich auf dem Telefon installiert habe.

Schließlich entscheide ich mich, heute hier zu bleiben und das schlechte Wetter quasi auszusitzen und morgen dann wieder früh zu starten. So bleibe ich also hier, teste nachmittags in einer Stunde der Wetterbesserung die Außendusche und befinde sie für gut. Herrlich erfrischend ist diese kalte Dusche unter freiem Himmel. Am Abend bereite ich mir auf dem kleinen Kocher noch ein Pilgermahl und dann mache ich es mir so bequem, wie es eben geht auf den doch recht unbequemen Campingliegen im Obergeschoss.

Kapitel 8

Von der Haug Herberge nach Sannfredstun – Das
Ende einer Illusion

03.07.23

Die Nacht direkt an der doch recht lebhaft befahrenen Straße war sehr unruhig und besonders gut habe ich auch wegen des unbequemen Bettes nicht geschlafen, aber dennoch bin ich gut motiviert für den heutigen Tagesabschnitt. Es soll für einige Zeit nun endlich von der Straße weg in den Wald gehen. Doch zunächst verläuft der Pilgerweg an der Straße und einmal auch etwas abseits davon. Ich biege rechts auf einen schmalen Weg ab und laufe an einigen Häusern entlang, bis die Schilder mich in Richtung Wald weisen. Nach ein paar Metern bergauf auf einem Schotterweg biegt der Weg direkt auf einen kleinen Waldpfad, von jetzt an hat mich der Wald voll in seinem Bann. Es regnet immer noch, wenn auch deutlich schwächer als gestern. Durch den Regen ist alles nass, auch die Pflanzen und Gräser. Der Boden ist durchgeweicht und so sind meine Schuhe und Hosenbeine innerhalb von Sekunden komplett durchnässt. Ich weiß, das wird sich jetzt in den nächsten Stunden nicht ändern. Meine Goretex Wanderschuhe sollen eigentlich wasserdicht sein, davon kann aber keine Rede sein. So bin ich einerseits sauer und desillusioniert, aber andererseits jetzt erst recht motiviert.

Ich stiefele also mit ein wenig Wut im Bauch durch den Wald, durch Matsch und manch kleine Rinnsale. Immer wieder muss ich auch über spitze Steine balancieren. Es bleibt den ganzen Tag dunkel. Der Regen will kein Ende nehmen. Das dichte Blattwerk verhindert immerhin, dass zu viel Regenwasser zu mir durchdringen kann. Gut funktioniert meine Regenjacke, die bis hierher komplett dicht geblieben ist. Nach der Tortour durch den Matsch laufe ich bald an einem kleinen Fluss entlang, der schließlich in den See Floyta mündet. Dieser wunderschöne klare Waldsee wird als Badesee von den Menschen in der Umgebung genutzt und es gibt eine sehr schöne Badestelle mit einem Gapahuk, einem Unterstand. Mich überkommt die Lust, hier ins Wasser zu springen und so mache ich den Umweg zur Badestelle.

Dort treffe ich auf zwei holländische Fahrradfahrerinnen, die im Gapahuk übernachtet haben und gerade ihre Fahrradtaschen packen. Mit einem herzlichen „Hallo" begrüßen wir uns. Die beiden Damen sind wohl genauso überrascht wie ich. Ein klein wenig Smalltalk schließt sich an. Die Holländerinnen sind nicht auf dem Olavsweg unterwegs, sondern machen eine Fahrradtour durch Südnorwegen. Im Angesicht der beiden jungen Damen verwerfe ich meinen Badeplan, denn eine Badehose habe ich nicht mit. Nach einer kleinen Pause laufe ich weiter auf dem Schotterweg durch den Wald. Wenige Minuten später holen mich die Radlerinnen ein und bieten mir ein Stück Schokolade zur besseren Motivation an. Das kann ich nicht abschlagen.

So geht es für mich gut motiviert auf dem Schotterweg weiter, bis der Weg wieder in den Wald abbiegt und über Holzbohlen und an kleinen Bachläufen entlangführt. Manchmal komme ich kraxelnderweise nur langsam voran. Nach wenigen Kilometern geht der bis dahin schmale Pfad in einen breiteren Waldweg über und es dauert nicht lange, da sehe ich vor mir im Wald zwei rote Holzhütten und weiß, dass dies die Hütte Lysjohimet ist. In meinem Pilgerführer stellt sie das Etappenziel dar, wenn man vom alten Pfarrhaus in Eidsvoll startet. Ich habe aber sieben Kilometer weniger in den Beinen.

Zuerst inspiziere ich, beäugt von den Schafen, die hier überall im Wald unterwegs sind und sich durch das Bimmeln ihrer Halsglocken zu erkennen geben, die Hütte. Die hat ihre besten Zeiten schon hinter sich. Ich beschließe zuerst einmal, nicht hier zu übernachten. Das Holzhaus mit Tradition ist doch reichlich abgewanzt und nicht besonders einladend. Aber immerhin habe ich hier die Chance, meine Klamotten und Schuhe zu trocknen, denn das Haus verfügt über einen Ofen, Feuerholz und Kohlenanzünder. Der Stahlofen ist schnell angefeuert, geübt ist geübt.

Es dauert nicht lange, bis sich eine wohlige Wärme im Raum ausbreitet. Ich platziere alle meine nassen Dinge um den Ofen herum und warte etwa eine Stunde ab. Da ich nur noch eine Wanderhose habe, sitze ich hier in der langen Unterhose. Dabei nutze ich die Zeit, um die Eintragungen im Gästebuch zu studieren und den Stempel in meinen Pilgerpass zu drücken. Ich bin die ganze Zeit allein und sehr gespannt, ob ich das bis zum Abend bleiben werde.

Nachdem alles getrocknet ist, ziehe ich mich wieder an und laufe weiter. Bis zur Herberge sind es knapp sieben Kilometer. Wieder ist es ein Mix aus Schotterwegen und schmalen

Pfaden durch den Wald. Erst sind einige Höhenmeter zu bewältigen, bis ich an einen recht großen See komme, an dem laufe ich rechts entlang, bis der Weg wieder in den Wald abzweigt. Ein kleiner, eigentlich ganz schöner Waldpfad bildet für einige Zeit das Terrain, auf dem ich unterwegs bin. Wenn es nur nicht so nass wäre! Weiter geht es durch den Wald bis zu einem weiteren See, an dessen Ende der Pfad wieder auf einen geschotterten Waldweg mündet.

Irgendwann stehe ich vor dem Schild „Sannfredstun 300 Meter". Durch dichtes Dickicht muss ich mich auf diesen letzten Metern der Tagesetappe durcharbeiten. Es war dann doch noch fast ein Kilometer bis zur Herberge. Ich muss zum Ende hin noch Sandras und Manfreds Hof durchqueren, um zum alten ehemaligen Schulhaus zu kommen, welches jetzt von den beiden Deutschen zur Pilgerherberge umfunktioniert worden ist. Bei inzwischen aufgerissener Wolkendecke und strahlendem Sonnenschein komme ich an der Herberge an und wenige Minuten später fährt Sandra mit ihrem SUV vor, lässt mich ins Haus und erklärt mir die nötigen Dinge, die zu beachten sind. Das Haus ist für Selbstversorgung ausgelegt und verfügt über eine Küche, mehrere Übernachtungsmöglichkeiten und einen großen Gemeinschaftsraum. Wie in der Haug Herberge, gibt es hier eine Außendusche mit schönem Blick in die Landschaft, allerdings hier mit warmem Wasser – welch ein Luxus! Ich richte mich in einem der zwei Betten im Gemeinschaftsraum ein und bin gespannt, ob und wann noch jemand kommt.

Bald kommen tatsächlich weitere Pilger auf den Hof. Ein Ehepaar aus Deutschland, Elke und Jörg, und eine Norwegerin mit einer Australierin im Schlepptau, Bente und Jane. Noch etwa später kommen Ricarda, Julia und Dennis, ebenfalls alle aus Deutschland. Mit dieser großen Runde wird es eng in der kleinen Küche und so wird nacheinander gekocht und gebrutzelt und gegessen, bis alle ihr wohlverdientes Abendessen verspeist haben. Julia und Dennis bauen ihr Zelt auf, wir anderen finden alle im Haus einen Schlafplatz. Der Abend wird nicht sehr lang, alle zieht es ins Bett und so schlummere auch ich bald selig ein. Die Glöckchen der Schafe, die vor meinem Fenster zu später Stunde nach Futter suchen, begleiten mich in den Schlaf.

Herberge Lysjohimet

Schöne Waldpassage

Kapitel 9

Von Sannfredstun nach Skomakerbakken – Endlich den Blick
auf den See genießen

04.07.23

Der heutige Tag beginnt, wie der gestrige aufgehört hat: mit
Nieselregen und verhangenem Himmel. Zwischendurch gab
es in der Nacht kräftigen Regen und gedonnert hat es auch
ein paar Mal. Was mich noch den ganzen Abend beschäftigt
hat, ist die Frage, wie ich mit den wasserdurchlässigen Schuhen umgehe. Die Trailrunningschuhfraktion unter den Pilgern
zuckt bei dieser Frage nur mit den Schultern. Wenn die Füße
nass sind, sind sie halt nass, na und? Ich kann mich erinnern,
in einem Buch davon gelesen zu haben, dass jemand die Füße
in Plastiktüten gepackt hat und so in die Stiefel gestiegen ist.
Ehe ich mich ganz ergebe, will ich das auch probieren.
Getreu dem Motto "keep him a try", packe ich meine Füße am
Morgen in Plastiktüten, bevor ich sie in die mühsam über
Nacht getrockneten Schuhe stecke. Es sollte beim einmaligen
Versuch bleiben. Meine Füße und Strümpfe sind nach der ersten Walddurchquerung auf einem engen Waldpfad über
Stock und Stein genauso nass wie gestern. Diesmal allerdings
vom Schweiß, der sich auf der Haut bildet und durch die Plas-
tiktüte nicht entweichen kann. Doch bevor ich diese auch wieder niederschmetternde Erfahrung mache, gibt es ein Frühstück in internationaler Runde in der engen Küche des alten

Schulhauses. Ein wenig stumm geht es zu. Jeder und jede ist mit sich selbst beschäftigt, schmiert noch ein Lunchpaket und packt den Rucksack wieder, bis alles verstaut ist. Auch an dieser Stelle setzt langsam eine Art Routine ein.

Es ist noch recht früh am Morgen, als die erste Hälfte der Pilger die Küche freigibt und sich auf den Weg macht. Mit Jane und Bente sowie Elke und Jörg starte ich im leichten Nieselregen in den Tag. Heute liegen bis zum Campingplatz in Tangen, auf dem ich eine Hütte mieten will, rund 19 Kilometer vor mir, eine nicht ganz so lange Strecke mit allerdings auch einer langen Waldpassage.

Diese erreichen wir nach einigen Kilometern auf geschotterten Waldwegen, begleitet von neugierigen Schafen, die friedlich im Wald unterwegs sind. Schafe sind fast die einzigen Tiere, die ich bisher gesehen habe. Die Wälder wirken wie ausgestorben, kein Reh, kein Elch, kein Kaninchen, nichts kreuzte bisher meinen Weg, ja bis auf die auch heute allgegenwärtigen Schafe. Heute scheuche ich allerdings einmal mitten im Wald ein Birkhuhn oder Auerhuhn auf, das geräuschvoll an mir vorbeifliegt. Mitten im Wald treffe ich auf eine abgeholzte Lichtung und drei kleine, vermutlich private Jagdhütten. Vor einer der Hütten steht eine Bank und ich lasse mich hier erst einmal nieder.

Die Sonne lugt durch die Wolken hindurch. Vielleicht wird es doch noch ein schöner Tag? Es dauert nicht sehr lange, da höre ich Stimmen im Wald und wenig später kommen Jane und Bente angestapft. Ich begrüße sie freundlich, sie gesellen sich zu mir und verweilen kurz. Vor mir liegen noch ein paar Kilometer im Wald, bevor es wieder auf die Straße gehen wird. Elke und Jörg treffen auch bald danach ein, gemeinsam laufen wir weiter in Richtung Tangen. Die nicht mehr so lange Waldpassage, wieder über schmale Pfade auf und ab, haben wir schnell absolviert und ich komme als Erster an der Pilgerbank mit Aussicht auf den Mjösasee an.

Hier nutze ich die Zeit, um mich um mein Quartier für die Nacht zu kümmern. Ich rufe den Campingplatz in Tangen an und frage nach einer freien Hütte. Erst kommt eine komplette Absage, dann im zweiten Anlauf meint der Herr an der Rezeption, es sei noch eine Hütte frei, allerdings für 120 Euro. Das ist mir für mich allein dann doch zu viel. Also wird mir nichts bleiben, als zur nächstmöglichen Herberge weiterzugehen. Das ist die Waldhütte Skomakerbakken. Das sind noch einmal 4 Kilometer, also mindestens eine Stunde, mehr zu laufen als geplant. Nach dem ersten Schock und dem Ärger über mich selbst, nehme ich es, wie es ist und es geht zunächst mit den anderen Pilgerfreunden weiter bis nach Tangen. Erst einmal müssen wir hinunter zum See. Das bedeutet etwa 3 Kilometer recht steile Bergabwanderung auf Schotter und Asphalt. Gift für die arthrotischen Knie. So beschweren sich auch meine Knie nach Kräften. Aber es hilft nichts, es gibt keine Alternative zur Straße.

Diese Strecke aus dem Wald nach Tangen hinab gehört zu den ermüdendsten Strecken auf der ganzen Wanderung. Direkt am See angekommen, findet sich wieder eine Pilgerbank und wir machen eine längere Pause, tauschen untereinander Müsliriegel und Äpfel, damit alle wieder neue Energie bekommen. Bis nach Tangen sind es noch ein paar Kilometer. Die gestalten sich sehr schön, es geht am Mjösasee und an alten

Bauernhöfen entlang. Tangen liegt an einer kleinen Bucht am Ostufer des Sees, um die wir herumlaufen müssen, bevor es hoch ins Dorf geht. Im Ort gibt es neben der Kirche noch eine Einkaufsmöglichkeit. Nach ein paar Tagen Shoppingabstinenz und der bedenklichen Abnahme der Lebensmittelvorräte im Rucksack ist das eine gute Möglichkeit, die Vorräte wieder etwas aufzufüllen. Ich kaufe mir ein Eis sowie einen frischen Salat und verzehre beides gleich an Ort und Stelle. Dieser leckere Imbiss weckte ein Stück die verloren geglaubten Lebenskräfte.

Am Einkaufsmarkt treffen wir zwei französische Radfahrer, die berichten, dass sie von der Küste kommen und in Richtung Oslo weiterfahren wollen. Nach der Stärkung und ein paar Minuten der Entspannung wechseln wir die Straßenseite und gehen gemeinsam zur Kirche. Die ist sehr schön weißgetüncht, kreuzförmig und aus Holz, aber leider geschlossen. Wir finden den Stempel, verschönern damit unsere Pilgerpässe und schon geht es weiter auf unserer heutigen Etappe. Wieder sind es diese letzten Kilometer, die sich so richtig in die Länge ziehen. Zunächst laufen wir an der Straße entlang bis zum Ortsausgang. Dort sticht ein auffälliges Haus ins Auge, es ist das Haus der Schriftstellerin Ingeborg Refling Hagen (1895-1989), deren zentrales Thema der Kampf gegen den Faschismus war. Heute befindet sich in diesem Haus ein Kulturzentrum. Wir passieren es und wechseln bald auf einen Weg, der direkt in den Wald führt. Nach etwa 3 Kilometern auf Waldwegen und bei inzwischen ziemlich hohen Temperaturen kommen wir endlich in der kleinen Waldherberge, dem Selbstversorgerhaus Skomakerbakken, an.

Es ist eine einfache Unterkunft, ohne fließendes Wasser, ohne WC oder Dusche. Vor dem Gebäude steht ein großer Plastiktank mit Trinkwasser. Ein Plumpsklo befindet sich am Waldrand. Immerhin gibt es Strom. Das ist der ganze Komfort. Aber die Räume sind sehr gemütlich eingerichtet. Die letzte Mieterin war Franzi, die junge Medizinerin, die hier offenbar allein vor zwei Tagen übernachtet hat. Schnell sind die Betten verteilt und ich habe wieder ein Separee, also ein Zimmer ganz für mich, mit einem sehr bequemen Bett.

Wir sinken alle mehr oder weniger erschöpft in die schicken Ledersofas und sind mit uns selbst und den Smartphones beschäftigt. Es sind heute am Ende etwas mehr als 23 Kilometer geworden. Ricarda kommt wahrscheinlich auch noch. Tatsächlich stellt sie sich nach einer guten Stunde ein und komplettiert unsere Pilgergruppe. Der Abend klingt mit einer gemütlichen Smalltalkrunde aus. Jörg erzählt von seinen Abenteuern auf dem Pacific Crest Trail in Amerika, einem von drei langen Trails, die das Land vom Süden bis zum Norden durchqueren. Wir genießen die Ruhe des Abends und die Sonne, die jetzt doch noch für ein paar Stunden unser Herz wärmt und erfreut. Der Straßenlärm setzt der Pilgerseele auf die Dauer doch zu, so bin ich froh über diese himmlische Waldruhe auch in der Nacht.

Der erste Blick auf den Mjösasee

Der „Sanitärtrakt" in Skomakerbakken

Kapitel 10

Von Skomakerbakken zur Pilgerherberge Herkestad Gard – Von der Waldhütte ins Paradies

05.07.23

Heute empfängt uns am frühen Morgen dieselbe Nebelsuppe wie gestern. Das kleine Grüppchen in unserer Herberge ging gestern Abend recht früh ins Bett und kommt heute auch früh wieder aus den Federn. Einige wollen bis Hamar die 28 Kilometer durchziehen, aber Ricarda, die Religions- und Englischlehrerin aus Wuppertal und ich, haben uns für heute in Herkestad Gard, etwa 12 Kilometer vor Hamar gelegen, angemeldet.

Das ist eine Herberge, die mir aus dem Buch von Brita Bartels in Erinnerung geblieben ist. Auf dem Weg dahin werden wir uns zu zweit gut ergänzen, haben die gleichen Tempovorstellungen und auch pausentechnisch passt es gut. Am Tag zuvor hat der Powerwanderer Jörg so ein bisschen das Tempo vorgegeben und das war ziemlich anstrengend.

Um halb acht starten Ricarda und ich als Letzte aus unserer Pilgergruppe. Der Weg führt uns zuerst auf geschotterten Waldwegen auf die Höhe von Ekeberg. Ekeberg Gard ist ein großer Bauernhof, der genau auf dieser so bezeichneten Anhöhe liegt und den wir ziemlich erschöpft durchschreiten. Das war bis hierhin eine schweißtreibende Angelegenheit. Gut, dass die Temperaturen am frühen Morgen noch recht niedrig sind. Auf die Sitzmöbel des Hofes setzen wir uns nicht, auch wenn sie sehr einladend dastehen.

Die Höhe von Ekeberg stellt für heute vom Streckenprofil her den höchsten Punkt dar. So haben wir also am späten Vormittag schon die schwersten Kilometer hinter uns. Was nervt, ist nicht nur der harte Schotterboden, sondern auch der ewige Nieselregen. Ricarda legt irgendwann ihren Poncho an. Ich bringe meinen Trekkingschirm wieder zum Einsatz. Gut, dass ich ihn habe! So bleibe ich trocken, aber schwitze dabei nicht so sehr. So hat jeder Pilger sein eigenes kleines Regen - Setup. Nach den ersten vier Kilometern und dem Aufstieg auf den Berg geht es nur noch bergab bis zur sehenswerten Kirche in Stange.

Die Kirche steht herrlich exponiert auf einer Anhöhe mit wunderbarem Blick auf den Mjösasee. Sie hat eine bauliche Besonderheit mit zwei Kirchenschiffen, die rechtwinklig voneinander angeordnet sind. Das Gotteshaus wurde etwa 1225 erbaut und ist somit eine der ältesten Steinkirchen in Norwegen. Der Turm ist 60 Meter hoch und schon aus der Ferne zu sehen.

Im Jahre 1620 wurde die Kirche von einem Blitz getroffen und durch das anschließende Feuer bis auf die Grundmauern komplett zerstört. Drei Jahre später schon konnte sie wieder in den Dienst gestellt werden. Die heutige Innenausstattung stammt noch aus der Zeit des Barock. Im Zentrum steht die hölzerne Kanzel.

Wenn der Prediger die Kanzel besteigen möchte, muss er an Adam und Eva vorbei, die ihn wohl daran erinnern, dass auch er ein Mensch ist und nicht von Schuld und Sünde frei. Im

Kirchenschiff befindet sich heute auch ein kostbarer Bechsteinflügel, der 2012 gestiftet wurde. Nach der Kirchenbesichtigung, einem besinnlichen stillen Moment in der Kirche und der Entzündung einer Gebetskerze am großen Leuchter sitzen Ricarda und ich noch für eine kleine Erholungspause auf der Bank mitten auf dem Friedhof, beobachten die Friedhofsgärtnerin bei ihrer Arbeit und lassen uns etwas Obst schmecken. In meinem Rucksack finde ich noch eine Banane, die nun für den zweiten Teil der Tageswanderung einen kleinen Energieschub verheißt.

Einige Meter vom Friedhofseingang entfernt, steht der Meilenstein 503 Kilometer til Nidaros. An ihm schießen wir ein paar Fotos, ich suche und finde noch den Kirchencache, der sich in der Nähe befindet und wir machen uns wieder auf den Weg. Ich bin sehr dankbar, dass ich mit Blasen an den Füßen bisher überhaupt keine Probleme habe. Die jungen Leute sind hier alle komplett verpflastert. Ob es an der Hirschtalgsalbe liegt, die ich täglich in meine Füße einmassiere? Gut möglich. Die Gegend um Hamar herum ist bekannt für den Getreideanbau, es ist die Kornkammer Norwegens. Erstaunlich, dass es inmitten der so felsigen Landschaft in Norwegen immer wieder solche Oasen gibt. Unser Pilgerweg führt uns nun ans Wasser. Jetzt hat uns der Mjösasee so richtig. Die nächsten vier Tage werden wir an seinem Ufer entlanglaufen, bis der Weg ab Lillehammer ins Gudbrandstal wechseln wird. Wir laufen nun, nachdem wir Stange verlassen haben, weiter an der Straße und an vielen großen Bauernhöfen entlang in Richtung Hamar. Eine riesige Erdbeerplantage links von der Straße mit unzähligen Erntehelfern weckt unser Interesse. Prallvoll hängen die Erdbeerpflanzen. Das wird eine gute Ernte. Wir laufen zu dem Fahrzeug, an dem die gepflückten Erdbeeren verpackt und verstaut werden, und fragen, ob wir eine Schale bekommen können. Das ist leider nicht möglich. Man verweist uns auf den Erdbeerhof, der fünfhundert Meter weiter an der Straße zu finden sei. Okay, das schaffen wir auch noch. Tatsächlich stoßen wir zwei Kurven weiter auf den Hof. Es gibt ein kleines Hofcafé und ganz viele verschiedene Sitzgelegenheiten. Ricarda und ich ordern beide jeweils ein Schälchen Erdbeeren, dazu eine Waffel und einen Kaffee. Der Preis ist nicht einmal so schockierend, sondern fast normal. Wir genießen die Pause und die Stärkung, wohl wissend, dass es nicht mehr weit bis zum Hof von Bente ist. Herkestad Gard, das heutige Pilgerziel, befindet sich tatsächlich nur etwa 2 Kilometer entfernt, auch direkt an der Straße. Schon von weitem sehe ich das dunkel gewordene Holzhaus mit dem wunderschönen Gartengrundstück ringsum. Bente hatte uns gebeten, nicht vor 14.00 Uhr und nicht nach 15.00 Uhr zu kommen. An diese Vorgabe halten wir uns und betreten pünktlich gegen 14.30 Uhr den Garten. Unsere Gastgeberin ist gerade im Aufbruch. Sie muss zu ihrem Enkelkind, das heute Geburtstag feiert. Sie spricht unsere Sprache fließend und so ist die Kommunikation heute überhaupt kein Problem. Schnell ist das Haus gezeigt, sind die Spielregeln erklärt und wir können uns in unseren Schlafgemächern einrichten. Das Haus ist außen sehr alt, aber innen modern ausgestattet mit ganz viel Liebe zum Detail.

Während Bente zur Geburtstagsparty fährt, wir uns einrichten und langsam ankommen, stellen sich auch Julia und

Dennis ein, die vom Campingplatz in Tangen aus heute eine etwas längere Etappe bis hierher abgespult haben. Sie wollen heute einmal nicht im Zelt schlafen, sondern in einem richtigen Bett. Das sollte kein Problem sein und so sitzen wir noch ein wenig entspannt draußen in der Sonne auf den antiken Gartenmöbeln. Dennis muss seine komplett mit Blasen übersäten Füße verarzten. Ich wasche meine Wäsche mal wieder mit der Hand, hänge sie auf den Gartenzaun und hoffe, die wenigen Sonnenstrahlen schaffen es, alles zu trocknen.

Gegen sechs kommt Bente wieder. Sie wird uns heute eine leckere Pilgermahlzeit zubereiten. Nur biologisch-dynamisch angebaute Zutaten gibt es dafür. Alle stammen aus der Region. Es wird am Ende ein „Festessen". Gekochtes Lachsfilet in einer Gemüsesuppe, als Nachtisch einen Mix aus Apfelmus, gerösteten Haferflocken und Schlagsahne, absolut lecker. Bente unterhält uns dabei auf vortreffliche Art und Weise, berichtet über ihre Arbeit an der Kunsthochschule in Bonn, wo sie 25 Jahre gelebt hat, und das Leben im heutigen Norwegen. Ihr ist es wichtig, ganz nah bei den Pilgern zu sein. Das spüre ich schon seit der ersten Begegnung. Und das tut mir unheimlich gut. Es ist ihr einfach eine Freude, für uns da zu sein, uns eine gute und erholsame Zeit zu bereiten und uns am Morgen gestärkt und fröhlich auf den Weg zu schicken. Das Fußbad, von dem mir Doris geschrieben hat, erleben wir zwar nicht, aber auch ohne ist es ein sehr schöner Aufenthalt bei ihr. Bei all dem, was sie uns erzählt, wird auch ihre zerbrechliche Seite spürbar. Da gab es sicher in ihrem Leben auch manches zu tragen, Brüche, Schmerz.

Dennoch hat sie sich ihre zugewandte Art bewahrt und das macht diese Zeit in ihrem Haus so besonders. Das geht nicht nur mir so. Als ich die Einträge im Gästebuch lese, wird deutlich, dass es im Grunde allen anderen Pilgerinnen und Pilgern ähnlich gegangen ist. So fallen wir gut gesättigt und dankbar auch wieder zeitig in unsere Betten und schlafen einen seligen Pilgerschlaf, wohl wissend, dass Morgen nur eine kurze Etappe vor uns liegt bis ins Pilgerzentrum nach Hamar.

Meilenstein an der Kirche in Tangen

Bentes Pilgerparadies

Kapitel 11

Der kurze Weg in die Stadt des Eisschnellaufs – Ins Pilgerzentrum Hamar

06.07.23

Gestern habe ich mich noch in Hamar im Pilgerzentrum angemeldet, glücklicherweise war für die zwei Nächte, die ich in Hamar bleiben möchte, noch ein Bett frei. Das Pilgerzentrum habe ich bei meiner Ankunftstour nach Trondheim schon kurz kennengelernt und weiß, was mich dort erwartet. Bis dahin müssen zunächst aber noch gut zwölf Kilometer Pilgerstrecke überwunden werden. Das Frühstück bei Bente ist köstlich und sehr vielseitig. Lange schon habe ich nicht mehr so gut gefrühstückt. Ganz nebenbei führt uns Bente in das Geheimnis des norwegischen Braunkäses ein. Der Brunost oder auch Gudbrandsdalsost genannte Braunkäse wird aus Kuhmolke und zehn Prozent Ziegenmilch gewonnen. Dabei wird die Molke so lange gekocht, bis der in der Milch enthaltene Milchzucker karamellisiert. So entstehen seine charakteristische bräunliche Farbe und der süßliche Geschmack nach Karamell. Diesen Käse werde ich auf der Pilgerschaft noch liebgewinnen!

Nach den vielen guten Gesprächen mit unserer Gastgeberin fällt der Abschied noch ein wenig schwerer als sonst. Bente erzählt uns während des Frühstücks, dass unlängst die Pilgerstrecke offiziell verlegt worden sei. Sie führte bis dahin über ein recht großzügiges, luxuriöses Privatgrundstück und dann über einen Golfplatz. Jetzt wurde der Weg vor wenigen Monaten an die Straße verlegt, weil dem Eigentümer des Grundstückes die Pilger zu neugierig geworden waren. Immer wieder muss wohl jemand zum Fenster hineingeschaut haben. Durch die Verlegung der Strecke hat der Weg an Charme eindeutig verloren. Auf Bentes Tipp hin laufen wir dennoch den alten Weg, betreten das private Grundstück und verlassen es auch schnell wieder. Niemand nimmt von uns vier Pilgern Notiz. Auf das sehr schön gepflegte und großzügige Grundstück folgt der nicht minder große Golfplatz. Hier wird schon in der Morgenfrühe Golf gespielt. Die Golfer in Norwegen scheinen also Frühaufsteher zu sein. Wir sind jetzt schon an die vier Kilometer unterwegs und so kommt die kleine Brennerei am Golfplatz mit Ausschank gerade recht. Im Angesicht des herannahenden Regens setzen wir uns unter die wenigen aufgespannten Schirme. Es wird eng und wir müssen zusammenrutschen, denn der Regen wird stärker. Nach einer knappen Stunde gibt es wieder eine Regenpause, wir können unsere Tour fortsetzen und laufen direkt am See entlang auf einem schön angelegten Weg, bis wir die Stadtgrenze von Hamar erreichen. In der Nähe einer Siedlung laufen wir bis zur Hauptstraße und weiter bis zu einer großen Brücke, von der aus wir einen schönen Blick auf die Eislaufhalle haben.

Wie ein umgedrehtes, auf dem Kopf stehendes Wikingerschiff schaut sie aus, die Halle, in der 1994 bei der Olympiade in Lillehammer die Eisschnelllaufwettbewerbe stattgefunden haben. Der Regen nimmt wieder zu und wir suchen Unterschlupf in einem Buswartehäuschen. Es dauert nur eine kleine Weile, dann können wir weitergehen. Wir laufen wieder am Mjösasee entlang durch die Strandmeile, an der heute wohl auch in Anbetracht des Wetters um diese Zeit noch nicht viel los ist. Ein Kaffee soll es jetzt noch sein, wir finden aber keine vernünftige Location dafür. So bleibt es bei einer kurzen Regenpause unter großen Schirmen und wir nehmen die letzten Kilometer bis zum Pilgerzentrum in Angriff.

Julia und Dennis verabschieden sich von Ricarda und mir. Sie haben ein Hotelzimmer für die zwei Nächte gebucht. Wir verabreden uns für morgen. Im Pilgerzentrum angekommen, werden wir freundlich begrüßt nicht nur vom diensthabenden jungen Mann, sondern auch von Jörg und Elke, die heute hier einen Ruhetag einlegen und morgen weiterziehen. So verliert man sich und trifft sich wieder hier auf dem Pilgerweg. Hamar war in früherer Zeit Bischofsstadt und die Reste der alten Domkirche sind heute noch zu sehen. Über den Ruinenresten haben die Norweger vor einigen Jahren eine Glaskuppel gebaut und auf diese Weise ist sozusagen eine neue Domkirche entstanden. Die mittelalterliche Kathedrale wurde vermutlich zwischen der Mitte des 12. Jahrhunderts und dem frühen 14. Jahrhundert errichtet. Stolze gut 50 Meter ragten die Türme empor.

Nach der Reformation verlor die Kirche an Bedeutung und erlitt im siebenjährigen schwedischen Krieg 1567 erhebliche Schäden. Mit der Zeit verfiel die Kirche immer mehr. Das Baumaterial, also die Steine, wurde beim Bau mancher Häuser in Hamar, aber auch beim Bau anderer Kirchen verwendet. Schließlich musste man den historischen Bau, beziehungsweise die Überreste davon, schützen und baute die gläserne

Kuppel über die Ruine. Im Jahr 1998 wurde die neue Kathedrale von Hamar eingeweiht.

Es ist ein imposanter Bau mit einer großartigen Akustik geworden. Regelmäßig gibt es hier im Sommer Konzerte. Auch heute Nachmittag ist eins geplant. Das besuchen wir natürlich, sind davon aber ein wenig enttäuscht. Es ist eher eine Kirchenführung mit ein paar Liedern garniert. Aber dennoch bekommen wir einen Eindruck von der Akustik des Raumes.

Nach dem Konzert laufe ich mit Ricarda zum nicht weit entfernten Einkaufszentrum. Sie braucht neue Schuhe und ich für die nächsten Tage etwas Nachschub an Lebensmitteln. Es regnet mal wieder Bindfäden und so sind wir froh, als wir wieder im Pilgerzentrum ankommen.

Den Rest des Tages verbringe ich hier. Mit dem Sessel in der Ecke habe ich schnell meinen Lieblingsplatz gefunden. Wir Pilger sind morgen noch einmal nach dem Frühstück zur Pilgerandacht eingeladen. Die Einladung nehmen wir an unserem Ruhetag gern an. Nachmittags kommen Julia und Dennis. Wir machen die Stadt unsicher und landen letztlich an einer Strandbar unmittelbar in der Nähe des Anlegeplatzes des Skibladlers. Das ist der älteste noch in Betrieb befindliche Schaufelraddampfer der Welt. Er fährt zwischen Lillehammer und Eidsvoll auf dem Mjösasee immer hin und her und läuft auf beiden Uferseiten diverse Häfen an. Viele Pilger überbrücken mit dem Skibladler den einen oder anderen Abschnitt.

Als wir gerade unsere Pizzen verschlingen, ertönt das Hupsignal des Skibladlers. Wir können seine Ankunft live mitverfolgen und machen aus der Ferne auch den einen oder anderen Pilger aus. Am Rucksack sind sie unschwer zu erkennen. Wir genießen die Gemeinschaft in unserer Viererrunde und verabschieden uns für diesen Tag, um uns am folgenden Tag in der Herberge in Veldre wiederzusehen. Dort sind wir im Konfirmandensaal untergebracht.

Auf dem Weg nach Hamar

Unsere „Vierermannschaft"

Domkirke zu Hamar

Pilgerzentrum

Kapitel 12

Von Hamar nach Veldre – Übernachtung im Konfirmandensaal

07.07.23 - 08.07.23

Der Ruhetag hat mir gutgetan, nicht nur körperlich, auch mental. Ich freue mich auf die nächsten Kilometer, die mich wieder dem Ziel ein Stück näherbringen. Nach dem Frühstück wollen Ricarda und ich die Andacht in der neuen gläsernen Domkirche besuchen. Gemeinsam mit anderen Pilgern stehen wir vor der verschlossenen Tür. Heute kommt aber niemand. So beten Ricarda und ich gemeinsam das Vaterunser und machen uns auf den Weg. Der führt uns nach wenigen Schritten direkt zum nächsten Meilenstein 488 km til Nidaros. Er steht am Eingang des Freilichtmuseums, zu dem auch die Domkirche und das alte Bischofsgebäude gehören. Das Museum ist sehenswert und beherbergt eine große Anzahl historischer Gebäude, die hier wieder neu errichtet worden sind. Vom Meilenstein aus führt der Weg quer durch das Gelände, am See vorbei und zuletzt auch am ausgedienten Eisenbahnwagon entlang, der heute als Café dient. Für heute sind wir aber zu früh dran, hier ist noch geschlossen.

Nach dem Ausgang des Freilichtmuseums verläuft der Pfad weiter am See entlang. Ein Hochseilgarten, wunderbar in den Wald hineingebaut, weckt mein Interesse, aber auch hier ist niemand. Wir verlassen bald den See und den Wald, an einem

Parkplatz vorbei geht es in bewohntes Gebiet. Vorbei an Wohnhäusern, einem Kindergarten und einer Schule geleiten uns die Olavswegzeichen stetig bergan, bis der Pilgerweg rechts von der Straße abbiegt und als Graspfad noch einmal steil nach oben führt.

Auf der Straße, die wir nun überqueren müssen, begegnet uns eine junge Frau mit Hund und erzählt uns davon, wie gern er im „Ozean" bade. So liegt es stets im Auge des Betrachters, wie man den Mjösasee einschätzt. Sie ist ganz interessiert an unserer Pilgerwanderung und wünscht uns viel Kraft und Segen auf dem Weg.

Nach diesem netten kleinen Gespräch setzen wir unsere Wanderung fort. Sie führt uns geradewegs in das Naturreservat Furuberget. Es handelt sich dabei um eine Kalksteinformation zwischen dem Mjösasee und dem Gebiet Ringsaker. Viele Tiere haben in diesem Naturreservat ihre Heimat gefunden, Elche, Dachse, Rehe, Füchse und Hasen gibt es hier. Sie verstecken sich aber allesamt gut vor uns und so sehen wir heute hier nicht einen einzigen tierischen Bewohner. Eine schöne Waldstrecke mit gut zwei Kilometern Länge schließt sich für uns an. Danach folgt wieder ein Kiesweg, der die Füße glühen lässt. Das sollte aber noch längst nicht alles sein, was wir unseren Füßen heute antun. Vorbei an einzelnen Höfen und verlassenen Grundstücken führt der Weg wieder durch den Wald, bis er aus diesem herausführt und wir schon von Weitem die Kirche von Furnes sehen.

Ein paar Minuten später kommen wir am riesigen Friedhof an. Die Kirche ist geöffnet und so statten wir ihr einen kurzen Besuch ab, bleiben danach noch ein wenig in ihrem Schatten sitzen, füllen die Trinkflaschen auf und natürlich darf der Stempel nicht vergessen werden. Inzwischen ist das alles zur Pilgerroutine geworden. Auf dem Weg komme ich viel mit Ricarda ins Gespräch. Sie erzählt mir von ihren Erfahrungen als Religionslehrerin und in der Studentenseelsorge, von Dingen, die sie traurig machen und auch von schönen Erlebnissen.

Sie ist eine erfahrene Pilgerin und hat schon diverse Caminos hinter sich gebracht. Da kann ich einiges von ihrem Erfahrungsschatz lernen. Ich erzähle ihr von dem, was ich als „Gepäck" mit auf den Weg genommen habe. Die Sechzig habe ich inzwischen hinter mir gelassen, in wenigen Wochen werde ich 61. Da steht für mich die Frage an, wie ich die letzten Dienstjahre gestalten möchte.

Bleibe ich in meinem jetzigen Arbeitsfeld bis zum Schluss oder will ich doch noch einmal einen neuen Impuls setzen? Wie lange will ich noch arbeiten? Wo werden wir danach leben? Da gibt es so manches, was mein Herz immer wieder auf dieser Pilgertour bewegt.

Wir machen uns nach einer guten halben Stunde mit frischen Kräften wieder auf den Weg. In diesem Moment sehen wir von Weitem Julia und Dennis. Forschen Schrittes nähern sie sich der Kirche. Wir laufen dennoch weiter und wollen in Brumunddal auf sie warten. So haben wir es verabredet. Unser Weg wogt nun auf und ab über sanfte Hügel und durch flache Täler, an einzelnen Höfen und Siedlungen vorbei, bis wir die Ortsgrenze von Brumunddal erreichen. Der Olavsweg verläuft jetzt wieder parallel mit dem alten Königsweg und wir laufen bis zu einer Unterführung unter der E6. Über uns donnern die Autos über den Asphalt. Einige Minuten später kommen wir an den Stadtrand von Brumunddal. Hier treffen wir auf zwei ehemaligen Pilgerherbergen, die es aber beide nicht mehr gibt. Nun ist es nicht mehr weit bis zum Einkaufszentrum. Wir laufen so, wie es die Olavswegzeichen vorschreiben, links am Shoppingtempel vorbei und finden ein paar freie Sitzgelegenheiten. Hier werden wir auf die beiden Hamburger warten.

Zunächst decken wir uns mit ein paar Lebensmitteln ein, lassen uns einen Kaffee und ein Eis schmecken. Irgendwas geht schief, denn die beiden kommen einfach nicht vorbei. Nach einer guten Stunde Wartezeit setzen wir unseren Weg fort. Das wird auf den letzten Kilometern nicht unbedingt leicht, denn die Sonne brennt inzwischen wieder kräftig. Es ist brütend heiß, kein Wölkchen lässt sich am Himmel erblicken. Die finalen sechs Kilometer am heutigen Tag verlaufen zunächst an der Straße entlang und auf dem letzten Wegstück auf einer Schotterstraße. Es geht permanent bergauf, nicht steil, aber stetig. Auch das schlaucht mächtig. So kommen wir beide schnell ins Schwitzen. Es ist wie fast an jedem anderen Tag. Die letzten Kilometer sind unabhängig von der Länge der Tagesetappe immer die schwersten. Scheinbar nimmt die Strecke kein Ende. Doch irgendwann kommt Veldre in Sicht, die große weiße Kirche kann ich schon von Ferne an ihrem massiven Baustil erkennen.

Noch ein letzter Endspurt und dann ist es geschafft. Dennis und Julia sind schon da. Sie haben geschrieben und gefragt, wo wir seien. Ich bin gespannt, wo wir aneinander vorbeigelaufen sind. Als wir im Konfirmandensaal ankommen, gibt es ein großes „Hallo" und ein herzliches Willkommen. Inzwischen sind wir vier schon ein wenig zusammengewachsen und freuen uns aufeinander. Zwei andere junge Deutsche sind schon da und bauen vor dem Haus ihr Zelt auf. Später kommt noch Miek, eine Holländerin, die wir aus dem Pilgerzentrum in Hamar kennen, dazu. Die Bettenverteilung ist kein Problem. Auf einem Stapel liegen bestimmt mindestens 15 Matratzen. Ich nehme mir eine und suche mir ein ruhiges Eckchen. Dann geht es unter die Dusche. Die Sanitäranlagen sind hier wunderbar großzügig eingerichtet. Eine Herberge, die man empfehlen kann, wenn man es in einem Saal mit mehreren Pilgern aushält.

Wir lassen den Abend mit ein paar lockeren Gesprächen in der Sofaecke ausklingen, die mitten im Raum steht. Jeder kocht sich ein Abendbrot und auch heute wird es nicht spät. Die vielen Stunden des Wanderns fordern einfach auch viel Schlaf.

Wunderbare Pilgerrast am Weg

Veldre Kirke

Die „Pilgerkiefer"

Kapitel 13

Vom Konfirmandensaal Veldre zur Ringsaker Kirche -
Im Schatten der Pilgerkiefer

09.07.23

Not macht erfinderisch, sagt der Volksmund. Manche Vorgaben in meinem Pilgerführer habe ich mittlerweile längst gelernt zu ignorieren, denn ganz viele Pilgerherbergen, die im Pilgerführer von 2018 aufgeführt werden, gibt es nicht mehr. Auf Campingplätzen ist es mitunter schwierig, noch eine Hütte abzubekommen. Wir sind mitten in der norwegischen Ferienzeit. Das spüren wir jeden Tag, wenn es an Straßen entlanggeht. Gibt es noch freie Hütten, sind sie meist sehr teuer. So entscheiden Ricarda und ich uns heute für eine Kurzetappe nach Ringsaker.

Nach dem doch sehr anstrengenden gestrigen Tag ist das eine gute Entscheidung. Julia und Dennis übernachten in ihrem Zelt auf dem Campingplatz in Steinvik, drei Kilometer weiter. So haben wir heute nur etwa 15 Kilometer, die wir unter die Füße nehmen müssen. Doch zuerst schauen wir uns die Kirche in Veldre an. Sie ist nur einen Steinwurf vom Konfirmandensaal entfernt. Erst vor wenigen Jahren wurde sie gebaut. Im Jahr 2000 wurde das imposante schneeweiße Gotteshaus eingeweiht und ist ein Zwitter aus Kirche und Gemeindezentrum. Modern und schick kommt sie daher. Trotzdem hat sie doch auch viel Ähnlichkeit mit den historischen Kirchen in der dortigen Gegend. Ein gelungener Kompromiss also.

Leider können wir die Kirche nicht besichtigen, nur die kleine Pilgerkapelle ist geöffnet. Sie zieht uns mit ihrer Stimmung sofort in ihren Bann. Ich schreibe ein paar Worte ins Gästebuch und schon geht es weiter auf den Weg. Zunächst laufen wir, wie so oft, an der Straße entlang, dann folgen wir den Olavswegzeichen rechts in den Wald. Über breite Schotterwege, Asphalt und schmale Pfade erreichen wir das heutige Highlight, die mehr als 500 Jahre alten Tokstadfurua-Kiefer.

Groß, ja gewaltig, steht sie irgendwann urplötzlich etwas links vom Weg. Ein eindrucksvoller Baum. Wie viele Pilger mögen in seinem Schatten schon geruht haben? Apropos Schatten, die Pilgerbank unter der Kiefer steht in der prallen Sonne. Wir versetzen sie kurzerhand in den Schatten und können so, von der brennenden Sonne unbehelligt, eine erste längere Ruhepause einlegen. Es gibt neben der Kiefer noch eine kleine Holzhütte mit zwei Sesseln, in denen man sitzend durch das transparente Dach auf die Baumkrone schauen kann. Auf solche Ideen können auch nur die Norweger kommen!

Nachdem wir wieder zu Kräften gekommen sind, gehen wir weiter. Zunächst müssen wir eine Holzbrücke passieren und gleich danach eine Eisenbahnbrücke. Wir laufen noch ein Stück weiter im Wald, stehen plötzlich an einem Kreisel der E6. Hier befindet sich Frichs Motell. Das Hotel gehört zu einer Hotelkette, die an dieser Stelle auch Pilger zu Sonderkonditionen beherbergt. Unser Weg führt aber noch ein ganzes Stück weiter. Wir müssen den Kreisel durchlaufen und verschwinden erneut im Wald. Wir wandern weiter auf der Waldstraße bis zu einem weiteren interessanten Ort.

Unser Zwischenziel ist das Proysenhuset. Es erinnert an den Schriftsteller, Dichter, Dramatiker und Liedermacher Alf Proysen (1914-1970). Er hat unter anderem auch Kinderliteratur geschrieben und ist, wenn man so will, das norwegische Pendant zu Astrid Lindgren. Ganz ähnlich wie in Astrid Lindgrens Welt in Vimmerby, gibt es auch hier an den Wochenenden ein buntes Programm auf dem Gelände des Proysenhuset mit Theater und Gesang für Kinder. Unser Ziel ist aber nicht das Theater, sondern das Café, denn zum einen verlangen unsere Füße nach Entlastung und zum anderen will der Kaffeedurst gestillt werden. Wir suchen uns einen schönen Vierertisch auf der Holzterrasse und finden ein wunderbar schattiges Plätzchen. Nun wird nach Herzenslust geschlemmert. Kaffee, Kuchen, Cola, was das Herz begehrt. Sogar einen Stempel können die netten Damen hinter dem Tresen hervorzaubern. Wir versacken hier fast ein bisschen. Inzwischen ist es zwölf und Ricarda schießt ihr 12 Uhr Foto, eines ihrer täglichen Rituale. Das ist eine schöne Möglichkeit, den Pilgeralltag zu dokumentieren. Doch nun müssen wir hier Abschied nehmen.

Uns stehen in der Mittagshitze noch einige Kilometer bevor. Etwa eineinhalb Stunden laufen wir auf Waldstraßen und an der Straße entlang, bis wir endlich in Ringsaker ankommen. Wieder fällt unser Blick zuerst auf die Kirche und den Meilenstein davor. Die Meilensteinfotos sind schnell geschossen. Wir haben nun auch Augen für die Kirche von Ringsaker. Das Kirchlein wird gerade neu eingedeckt und ist komplett eingerüstet. Es stammt aus dem 12. Jahrhundert und ist in seiner

Substanz eines der wenigen seiner Art, die aus Kalksteinen gebaut sind. Vom Stil her gleicht die Kirche einer Kathedrale, nur ist sie viel kleiner. Der Heilige Olav soll hier im Jahr 1030 fünf Könige besiegt haben, die ihm und der Christianisierung feindlich gegenüberstanden. So ist diese Kirche auch auf den Heiligen Olav geweiht und eine wichtige Station auf dem Pilgerweg.

Ricarda und ich werden in der kleinen Pilgerstube unterhalb der Kirche übernachten. Dennis und Julia machen sich nach einer ausgiebigen Pause auf den Weg ins drei Kilometer entfernte Steinvik. Die Pilgerstube ist ein wenig spartanisch ausgestattet. Da werden wir heute nichts Großes brutzeln können, aber für eine Kleinigkeit wird es reichen. Am Abend kommt kein weiterer Pilger. So bleiben wir zu zweit. Ich gehe noch ein wenig auf den Friedhof, setze mich auf eine Bank und nehme ein paar Eindrücke vom Tage mit meinem Smartphone auf. Ricarda schreibt in ihrem Tagebuch. Wie gehabt, geht es dann früh in die Federn, denn morgen wartet wieder eine Etappe auf mich und die wird es trotz der nicht so vielen Kilometer in sich haben. Morgen werden wir auch Abschied voneinander nehmen. Ricarda wird von Moelv nach Lillehammer mit der Bahn fahren und ich werde im Reha Center Ringen übernachten, während Julia und Dennis planen, noch ein Stück weiterzugehen.

In der Sommerhitze unterwegs

Ringsaker Kirke

Kapitel 14

Von Ringsaker zum Rehacenter Ringen –
Abschied inclusive

10.07.23

Gut gestärkt geht es nach einem letzten Müslifrühstück aus Altbeständen gemeinsam mit Ricarda auf die heutige Etappe ins Rehabilitationscenter nach Ringen. Wir haben uns zu um neun Uhr auf dem Campingplatz in Steinvik mit Julia und Dennis verabredet. Dort übernachteten die beiden Hamburger direkt am See mit ihrem Zelt. Wir sind ein bisschen spät dran und kommen erst gegen halb neun los. So bleibt unterwegs nicht viel Zeit für Smalltalk, zügig machen wir uns auf die ersten drei Kilometer des Tages. Es geht an der Straße entlang. Die Strecke ist einfach, aber auch ein bisschen langweilig. Viel zu sehen gibt es nicht, die letzten Häuser des Ortes, dann die etwas eintönige Landschaft, hin und wieder wird der Blick auch auf den See gelenkt. Es dauert nur eine knappe Dreiviertelstunde und dann sind wir etwas verspätet auf dem Platz. Er liegt direkt am See und wird von Dauercampern dominiert. Nur ein paar Zelte stehen direkt am Ufer.

Unsere beiden Mitpilger treffen wir schnell an, sie müssen noch zur Rezeption und die Übernachtung bezahlen, es ist also alles gut. Gemeinsam laufen wir nun in Richtung Moelv. Das ist eine landschaftlich richtig schöne Strecke. Endlich geht es mal wieder in die Natur und in den Wald. Ein schmaler Pfad führt uns immer wieder hoch und hinunter durch das Dickicht. Viel zu selten gibt es auf dem Olavsweg solche schönen Wegabschnitte.

Wir folgen den gelben und roten Pfeilen, mit denen der Weg hier gekennzeichnet ist. Bald kommen wir zu einem Bootshafen, in dem viele kleine Sportboote liegen. Am Ende des Hafens laufen wir an der Anlegestelle des Skibladlers vorbei und kommen kurz danach zur E6. Wir unterqueren die Brücke, über die die E6 auf die andere Seite des Mjösasees wechselt und laufen weiter auf einem schönen Trampelpfad in den Wald hinein. Wieder ist es sehr angenehm zu laufen, bis wir in einem Industriegebiet landen. Hier stimmt die Kennzeichnung nicht mit meiner Karte im Handy überein, da muss wohl etwas verändert worden sein. Jetzt geht es in den Ort Moelv hinein.

Wir folgen weiter den Olavswegzeichen. Irgendwann bemerken wir, dass wir uns dem Ortsausgang schon wieder nähern und längst am Bahnhof vorbeigegangen sind. An einer Schule, die wegen der Ferien gerade geschlossen ist, machen wir halt, setzen uns auf ein paar Spielgeräte, die dort stehen und nehmen von Ricarda Abschied, die nun ein paar hundert Meter zurücklaufen muss, um zum Bahnhof zu kommen. Zeit genug hat sie, der Zug fährt erst in einigen Minuten. Dankbar für die gemeinsame Zeit nehmen wir voneinander Abschied. Ricarda wird den Weg im nächsten Jahr fortsetzen und dann den letzten Abschnitt bis nach Trondheim in Angriff nehmen. Wahrscheinlich auch die beiden Hamburger.

Nach dem emotionalen Abschied von Ricarda geht es für uns zu dritt weiter. Nun verläuft der Olavsweg bis zum Rehacenter

Ringen noch einmal ausschließlich an der Straße entlang. Zunächst führt er auf ebener Strecke etwa fünf Kilometer aus dem Ort heraus. Die letzten zwei Kilometer sind dann wieder ein richtiger „Vollstrecker".

In Serpentinen schlängelt sich die Straße nach oben auf den Berg. Ich laufe an der ehemaligen Pilgerherberge Ringli vorbei, an der gerade fleißig gewerkelt wird. Von dort aus sehe ich schon von Weitem auf dem Berggipfel das Gebäude des Rehacenters liegen. Dennis und Julia warten an der Abzweigung zum Rehacenter auf mich. Sie sind wesentlich schneller oben gewesen als ich. Wir verabschieden uns herzlich nach einer kleinen Ruhepause auf dem grünen Rasen, die auch die beiden jungen Leute offensichtlich brauchen. Für sie geht der Tag noch eine ganze Strecke weiter. Für mich ist hier das Ziel für heute erreicht.

Die kleine und fast familiäre Rehaklinik in Ringen, in der Menschen nach einem Schlaganfall oder mit Nervenerkrankungen behandelt werden, nimmt gern Pilger auf, wenn es freie Betten gibt.

Ich konnte gestern ein freies Bett buchen und bin nun froh, mich in meinem Patientenzimmer auf das Bett fallen lassen zu können. Es war doch ein strapaziöser Aufstieg in der brütenden Mittagshitze. Ich mache ein kleines Schläfchen und wache nach einer guten Stunde gut erholt wieder auf. Es gilt noch, die Klinik zu erkunden und mich für das Abendessen anzumelden. Frühstück ist im Preis inbegriffen. Die Damen in der Rezeption sind sehr nett und nehmen das unkompliziert entgegen. Leider habe ich keine Badehose dabei, sonst hätte ich bestimmt noch den Klinikpool erkundet, der auch den

Pilgern kostenlos zur Verfügung steht. So setze ich mich nur auf die Terrasse und genieße für einige Minuten den wunderbaren Blick auf den See hinunter. Das ist schon ein sehr guter Ort für eine solche Einrichtung! Das Abendessen in der Klinikkantine ist sehr schmackhaft und reichlich. Ich suche mir einen Platz mit Blick auf das Wasser und lasse die Stimmung auf mich wirken. Die Nebelschwaden ziehen langsam ins Tal. Ich schaue quasi von hier oben aus auf sie herab, ein unbeschreibliches Naturschauspiel!

Unterquerung der E6 bei Moelv

Eine Nacht in der Klinik

Blick von der Rehaklinik Ringen auf den Mjösasee

Kapitel 15

Vom Rehacenter Ringen zur Pilgerherberge Johannesgard –
Wieder allein unterwegs

11.07.23

Heute bin ich nach einigen Tagen in Gemeinschaft wieder allein unterwegs. Das gehört zum Pilgern dazu, dieser Wechsel
aus Gemeinschaft oder ganz bei sich selbst und mit sich selbst
zu sein. Beides hat seinen eigenen Reiz. Nach dem reichhalti-
gen, leckeren Frühstück in der Klinik muss ich zunächst das
vollenden, was ich gestern begonnen habe, den Aufstieg auf
den Berg. Irgendwie scheint das auf dem Olavsweg System zu
haben, dass die anstrengenden Anstiege gleich am Anfang
oder erst am Ende des Tagespensums stehen. Ich nehme es,
wie es ist und kämpfe mich Stück für Stück den Berg nach
oben. Wieder kommt die deutsch – norwegische Geschichte
ins Bewusstsein, als ich an einem Gedenkstein vorbeilaufe,
der an die an dieser Stelle im zweiten Weltkrieg gefallenen
norwegischen Soldaten erinnert. Bald danach habe ich den
Anstieg geschafft und laufe ein ganzes Stück an der Bergkuppe entlang. Immer wieder habe ich einen wunderbaren
Blick auf den Mjösasee. Leider ist der Himmel wolkenverhan-
gen und es regnet leicht. So lohnt es sich nicht, hier einen Fo-
tostopp einzulegen. Ich laufe noch für ein paar hundert Meter
an der Straße entlang und später dann auf einem Feldweg,
der mich wieder hinaufführt. Nur kurze Zeit danach biege ich

an einem Waldkindergarten auf einen kleinen Pfad in den Wald ab.

Beim anschließenden Marsch durch ein abgeholztes Stück Wald und durch mannshohes Gras ist für meine Schuhe gleich wieder Endstation, was die Dichtigkeit betrifft. Daran werde ich mich gewöhnen müssen. Irgendwann fühlen sich komischerweise die Füße nicht mehr nass an. Es ist, als wenn die Feuchtigkeit tatsächlich allmählich verdampft. Ich durchquere die Rodung und ein anschließendes dicht bewachsenes Waldrandstück, dann führt der Weg auf Schotterstraßen weiter. Immer wieder gibt es zwischendrin Starkregen, aber immer wieder auch genau in diesen Momenten eine Unterstellmöglichkeit. So werde ich vor dem völligen Durchnässen bewahrt und bleibe unter der Regenbekleidung halbwegs trocken. Ich darf einmal mehr die Erfahrung machen, dass der Olavsweg gut für seine Pilger sorgt.

Der Schotterweg führt erst hinab und dann wieder herauf bis zum höchsten Punkt der Etappe mit einer traumhaften Aussicht auf den See. Natürlich steht an dieser Stelle auch eine Pilgerbank. Auf ihr steht eine Vase mit ein paar Blümchen, frisches Wasser steht ebenfalls im Kanister für die Pilger bereit. In einer Plastikbox finde ich ein Gästebuch. Hier hat offenbar jemand ein Herz für uns Pilger! Zu allem Überfluss bringt mir eine nette ältere Dame, die in der Nachbarschaft wohnt, ein Pilgereis. Was für eine wundervolle Geste! Mir fällt ein: Davon habe ich in verschiedenen Büchern schon gelesen. Ganz herzlichen Dank für dieses wunderbare Zeichen der Verbundenheit! Das Eis verspeise ich auf der Stelle mit viel Genuß. Leider wird das Wetter wieder schlechter, so dass ich die schöne

Aussicht nicht länger genießen kann. Die Dame schießt noch ein paar Fotos von mir, auf denen ich am Ende ziemlich elend aussehe. Es regnet wieder Strippen und ich laufe weiter.

Der Weg führt nun leicht abwärts bis zum Ort Brottum. Diese Kilometer auf der Schotterstraße sind wieder ermüdend und ich bin froh, als die Kirchturmspitze der Dorfkirche des Ortes irgendwann durch die Blätter lugt. Hier in Brottum gibt es neben ein paar Häusern eine Kirche und einen Joker Supermarkt. Beide sind nicht weit voneinander entfernt. Im Joker stelle ich mich erst einmal unter und ordere mir einen Kaffee for free. Ich liebe Norwegen für solche kleinen, aber schönen Gesten und Dinge! Der Kaffee tut gut und wärmt den doch etwas ausgekühlten Pilger. Selbstverständlich gibt es auch noch Nachschlag, das Pappbecherchen ist aber auch wirklich sehr klein! Später werde ich im Geschäft ein paar Kleinigkeiten und vor allem Nähzeug erstehen. Ich muss meine Hose reparieren. Vorhin platzte beim Hinhocken eine Naht auf. Inzwischen gibt es die nächste Schlagregenepisode, die ich noch abwarte, bis ich nach meinem Einkauf in Richtung Kirche weiterziehe und den Stempel in meinen Pilgerausweis drücke. Leider ist die Kirche nur sonntags und mittwochs geöffnet. So kann ich nur ein paar Fotos von der Außenansicht knipsen. Jetzt sind es nur noch wenige Kilometer bis zu meinem Ziel, bis zur Herberge Johannesgarden. Von der Kirche aus muss ich einen Bauernhof überqueren, komme auf die Straße und dann verpasse ich leider die Abzweigung nach links in den Wald. Den Fehler bemerke ich erst einen knappen Kilometer später. Also Kommando zurück und dann an der richtigen Stelle abbiegen! Wieder wird es feucht für die Füße, aber da das Ende der Etappe bald in Sicht kommt, ist das jetzt auch egal. Ich laufe an Wiesen und Feldern noch ein paar Kilometer entlang, begegne zwei Norwegern, die gerade dabei sind, mit dem Traktor ein paar Bänke auf dem Weg zu verteilen. Das wird die Pilger, die nach mir kommen, sicherlich freuen! Zwei Kilometer weiter steht das Schild am Wegesrand, auf das ich schon lange gewartet habe. Noch 0,84 Kilometer bis zur Pilgerherberge Johannesgarden. Diese wenigen hundert Meter verlangen mir noch einmal alles ab. Es geht steil bergauf über Wurzeln und auf rutschigen grasbewachsenen Waldpfaden. Der Weg scheint wieder endlos zu sein. Das Gras wird immer dichter, hier sind noch nicht viele Pilger in diesem Jahr durchgekommen. Irgendwann sind auch diese letzten Meter geschafft und ich komme auf den Hof. Zuerst stehe ich vor der kleinen Kapelle, die die beiden Gastgeber für die Pilger eingerichtet haben. Hier ist ein Ort der Einkehr und Stille. Ob ich wohl heute wieder Pilger an die Seite bekomme, die hier mit mir eine Andacht feiern würden? Zunächst schaue ich mich weiter um und entdecke die Herberge etwas versteckt auf einer kleinen Anhöhe. Ich betrete sie und kann keine Wanderschuhe entdecken. Ich bin also der erste Pilger heute! Im Eingangsbereich finden sich Heizelemente, mit denen die Schuhe getrocknet werden können. Das sieht gut aus! Von hier aus führt eine steile Treppe nach oben. Es gibt viele Zimmer mit bis zu vier Betten. Sie sind schön und zweckmäßig eingerichtet. Dazu entdecke ich mehrere Bäder und Duschen sowie einen gemütlichen Aufenthaltsraum mit Küchenecke. Der Kühlschrank ist gut gefüllt. Hier fehlt es an nichts, was das Pilgerherz begehrt. Eine großartige Herberge. Vielleicht von der Ausstattung her die bisher schönste auf meinem Weg. Ich suche mir ein Zimmer, richte mich ein, steige unter die Dusche und wende mich danach meiner zerrissenen Hose zu. Ich habe im Moment nur noch diese eine, deshalb muss ich sie irgendwie repariert bekommen. Gut, dass wir in unserer polytechnischen Schulausbildung in der ehemaligen DDR auch gelernt haben, mit Nadel und Faden umzugehen. Schnell ist die Hose geflickt und wird so sicher bis Trondheim durchhalten. Ich merke nun inzwischen auch, dass meine körperliche Form sich verbessert. Mein Körper beginnt, sich an die Belastung zu gewöhnen und sich zu verändern. Ich spüre auch, dass ich das eine oder andere Pfund schon verloren habe. Meine Kleidung sitzt deutlich lockerer als noch vor zwei Wochen. Ich koche mir zum Abendbrot ein Reisgericht und warte auf weitere Pilger, aber die bleiben aus. Heute bleibe ich allein. Auch die Gastgeber lassen sich nicht blicken. So schlafe ich hier in der Ruhe mitten im Wald sehr gut und hoffe, dass meine Schuhe bis morgen früh trocken sind. Ich bin dankbar, dass ich morgen Lillehammer erreichen werde. Dort werde ich drei Tage verbringen, bevor es gemeinsam mit unserer Tochter Helene auf den nächsten Wegabschnitt ins Gudbrandstal geht.

Auf dem Tagesgipfel mit Pilgereis

Brottum im Regen

Farbenfroher Pilgerrastplatz

Kapitel 16

Nach Lillehammer – Auf in die Olympiastadt

12.07.23

Der gelbe Pilgerführer vom Outdoorverlag sieht meine heutige Etappe als Etappe 12 vor. Demzufolge hinke ich zwei Etappen hinterher plus dem einen Ruhetag in Hamar. Das geht doch noch, zumal ich ja an einem Tag wetterbedingt auch nur 7 km laufen konnte. So bin ich mehr als gut im Plan, denn ich hatte mir vor dem Beginn der Pilgertour vorgenommen, die Strecke der real gut 650 Kilometer in 40-45 Tagen zu schaffen. Laut Pilgerführer liegen heute etwa 14 Kilometer vor mir. Die Zahlen der Pilgerführers sind in der Regel um mindestens 10 Prozent nach oben zu korrigieren. So richte ich mich mal auf 16 ein.

Die Nacht war ruhig, es kam kein Pilger verspätet in Johannesgarden an und ich hatte also das ganze Haus für mich. Nach dem Frühstück und der Entrichtung des Übernachtungspreises in die Kasse des Vertrauens breche ich gegen 7.30 Uhr auf. Das Wetter ist ähnlich regnerisch wie gestern mit tiefhängenden Wolken über dem Mjøsasee. Es ist aber halbwegs trocken und das stimmt mich doch versöhnlich. Ich freue mich und bin dankbar dafür, dass es eine Alternative zu dem Waldpfad gibt, der mich gestern beim finalen Aufstieg so viel Kraft gekostet hat. Ich kann auf dem Schotterweg bleiben, der in etwa zwei

Kilometern auf den Olavsweg trifft. So erspare ich mir nicht nur den schwierigen Abstieg durch den durchfeuchteten Waldpfad, sondern bleibe auch trocken an Füßen und Hosenbeinen. Etwas Distanz spare ich obendrein auch noch ein. Zunächst geht es also den Berg hinab bis zum See. Für die Knie ist das wieder Schwerstarbeit. Bei solchen Strecken meldet sich immer wieder mein linkes Knie. Die Schmerzen sind zum Glück nicht so stark und lassen auch sofort nach, als es später wieder auf ebener Bahn weitergeht.

In Serpentinen schlängelte sich der Weg, nachdem er mit dem Olavsweg wieder vereint ist, bis zum See hinab, vorbei an einer neuen Herberge, die es erst seit diesem Jahr gibt. Nun verläuft der Weg parallel zum See weiter in Richtung Norden. Immer wieder zieht es meinen Blick auf die bedrohlichen Wolken. Wird es trocken bleiben? Ich bin auf alles gefasst. Mit der Zeit werde ich innerlich immer unabhängiger vom Wetter, nehme die Dinge so, wie sie sind und rebelliere nicht mehr dagegen. Das entlastet mich und gibt mir ein Stück inneren Frieden. Ob das auch eine der Lernerfahrungen auf dem Pilgerweg sein kann? Es geht auf den folgenden Kilometern stetig bergauf, mal steiler, mal in flachen Anstiegen. Immer wieder wendet sich mein Kopf nach links in Richtung See. Langsam könnte mal eine Bank kommen, ich brauche, glaube ich, bald eine Pause.

Leider ist das Angebot an Pilgerbänken zur Erholung heute bisher nicht so groß. An einer quietschgelben Bank, die vor einem Grundstück an der Straße steht, komme ich allerdings nicht vorbei. Hier muss ich einfach anhalten! Ein solch bunter Fleck mitten in der Landschaft, herrlich! Nach einer halben

Stunde Pause und Erholung setze ich den Weg fort. Wie werde ich mit den freien Tagen in Lillehammer umgehen? Jetzt bin ich gerade so gut eingelaufen, bin morgens gern am Start und habe keine Probleme, mich für den nächsten Tagesabschnitt zu motivieren. Auf der anderen Seite freue ich mich auf Helene und die gemeinsame Zeit mit ihr.

In Lillehammer bin ich auch mit Stefan und Britta verabredet, Freunde, die in Norwegen Urlaub machen und mir ein paar Dinge von zu Hause mitbringen. Ihnen werde ich auch noch etwas Ballast mitgeben, Dinge, die ich vermutlich nicht mehr brauche. Vor dem Weg ins Gudbrandstal mit den vielen Höhenmetern ist eine weitere Entlastung für mich gut und essenziell. Ich gehe so meinen Gedanken nach und der Schrittzähler kommt gut auf Touren. Im zweiten Tagesabschnitt gibt es keine nennenswerten Höhenmeter mehr. Es bleibt heute den ganzen Tag über kühl, so um die 16 Grad vielleicht und so komme ich gut voran. Aus der Ferne kann ich schon gegen 10.30 Uhr einen ersten Blick auf die Olympiaschanzen von Lillehammer werfen. Es ist wie ein Ausrollen auf den letzten Kilometern. Entlang der Straße, die von Møelv nach Lillehammer führt, verläuft auch der Pilgerweg bis in die Stadt hinein. Eine kurze Pause mache ich an einer Picknickbank in einem Vorgartengrundstück. Der nächste Stopp ist an der Söre Al Kirche am Ortsrand von Lillehammer. Von außen sieht sie alt und unscheinbar aus. Eine Holzkirche halt. Innen ist sie sehr schön und top modern eingerichtet. Die Kirche ist offen, weil heute noch eine Trauerfeier stattfinden soll. Ich will nicht lange stören, mache nur ein paar Fotos, suche den Briefkasten mit dem Pilgerstempel und bleibe noch für ein paar Minuten auf einer

Picknickbank neben dem Gemeindehaus sitzen. Der Stempel-kasten ist schnell gefunden. Noch ein paar Tage und ich muss den zweiten Pilgerausweis anfangen. Nun sind es noch drei Kilometer.

Nach einer Dreiviertelstunde stehe ich vor dem zentralen Gotteshaus der Stadt. Es ist eine Kirche aus Backstein in spätgotischer Bauweise. Auch eine Seltenheit in Norwegen. Ich habe sonst auf dem ganzen weiteren Weg keine einzige Backsteinkirche gesehen. Sie ist noch verschlossen, öffnet erst ab 12.00 Uhr ihre Pforten. Da bin ich also zu früh dran. Aber ich habe ja noch drei Tage hier in der Olympiastadt. So werde ich sicher noch einmal zurückkommen und mir die Kirche auch von innen anschauen können. Der Stempel ziert jetzt dennoch den Pilgerausweis. Den Meilenstein am Friedhofseingang kann ich auch noch ablichten. Danach schultere ich meinen Rucksack und es geht weiter. Nur 15 Minuten später stehe ich an der Rezeption des Stasjonen Hotels und Wanderheims, meiner heutigen Herberge direkt im Bahnhofsgebäude von Lillehammer. Auch hier bin ich etwas früh dran. Mein Zimmer kann ich noch nicht beziehen, es ist noch nicht fertig vorbereitet. So trifft es sich gut, dass Ricarda gestern schon einen Kaffee für einen gewissen Herrn Vibrans bestellt und bezahlt hat. Nochmals herzlichen Dank Ricarda! Den Kaffee genehmige ich mir jetzt. Wenig später begleitet mich die Rezeptionistin zu meinem Zimmer.

Die Pilgerherberge Stasjonen befindet sich direkt im Bahnhofsgebäude am Gleis 1. Mein Bett im sehr schmalen und engen Schlafsaal mit zwei Doppelstockbetten kostet inklusive Frühstück 450 Kronen. Ein für norwegische Verhältnisse recht günstiger Preis. Mit Sascha, einem Franzosen mit asiatischen Wurzeln, habe ich nach wenigen Minuten einen ersten Zimmergenossen. Er kommt hier mit seinem 5 Kilo Minirucksack um halb drei an und hat meine beiden letzten Etappen mal eben an einem Tag geschafft. Respekt! Aber mit dem leichten Gepäck hätte ich mir das wahrscheinlich auch zugetraut. Ich habe meinen Rucksack nicht gewogen, schätze das Gewicht aber auf etwa 12 Kilogramm mit den eingekauften Lebensmitteln.

Heute werde ich etwas Ballast los, denn Stefan und Britta sind schon auf dem Weg. Auch mein Regenschirm wird dran glauben müssen. Meine Regenjacke ist ebenfalls viel zu schwer, aber dafür gibt es keine Alternative. Am späten Nachmittag klingelt das Telefon, die beiden stehen vor der Bahnhofstür und erwarten mich. Sie sind mit dem Wohnmobil hier und laden mich zu einem kleinen Grillabend zu sich auf den Campingplatz ein. Diese Einladung nehme ich gern an. Wir bummeln erst ein wenig durch die City von Lillehammer, wenn man das denn so nennen kann. Da ist die Einkaufsmeile in unserer Kreisstadt wahrscheinlich länger und größer als hier in der Olympiastadt von 1994. Dennoch hat die Stadt auch ihren Charme. In den nächsten Tagen werde ich noch mehr von Lillehammer sehen. Heute übernachte ich nach dem netten Grillabend mit Britta und Stefan im Bahnhofshostel, morgen werde ich dann für drei Tage ein Quartier beziehen, das ich bei Airbnb gebucht habe. Es liegt am Rande des Stadtzentrums und nur 15 Minuten vom Bahnhof entfernt. Gastgeber ist Omar, ein Unternehmer, der aus Pakistan stammt und schon seit fast 30 Jahren in Norwegen lebt. Er betreibt eine

Pizzeria in der Stadt und nun als zweites Standbein dieses Vermietobjekt. Die Nacht in dem doch besonderen Etablissement im Bahnhof wird kurz, mehrfach werde ich gestört von weiteren Gästen, die zu später Stunde ankommen, viel Krach machen und sehr früh weiterziehen. Der Zuglärm draußen vor dem Fenster bleibt mir auch nicht ganz verborgen. So wird es eine kurze Nacht, für die ich allerdings durch ein fürstliches Frühstück entschädigt werde, das unten in der Caféteria des Bahnhofs auf mich wartet. Nach dem Frühstück rufe ich Omar an. Er sagt mir, alles sei bereit, ich könne kommen, wann ich will. So mache ich mich auf den Weg und stehe eine gute Viertel-stunde später in meiner Airbnb Wohnung, meinem kleinen, aber gemütlichen Zimmer. Außer mir gibt es noch weitere Mieter, die sich mit mir die Wohnung teilen. Eine nette Familie aus Holland, die mit dem Auto hier Station für eine Nacht gemacht hat, lädt mich zum heutigen Abendessen ein, es könnte also schlimmer sein.

Olavswegzeichen am Wege

Stadtkirche in Lillehammer

Kapitel 17

Drei Ruhetage in Lillehammer - Relaxing und Museales

13.-15.07.23

An den drei Ruhetagen will ich mir ein bisschen Zeit für mich und für Lillehammer nehmen. Am ersten Tag steht Ersteres eindeutig im Vordergrund, ich schlafe aus, bleibe die meiste Zeit in der Wohnung, schone mich und meine Kräfte und verlasse nur für einen kleinen Einkauf mein Zuhause auf Zeit. Das hat allerdings auch mit dem Wetter zu tun, denn es regnet den ganzen Tag über in Strömen. Ich studiere meinen Pilgerführer und erfahre einiges über die Etappen, die nun bevorstehen. Das Landschaftsbild wird sich krass verändern. Sehr beeindruckend ist das Gudbrandstal, das längste Tal Norwegens, das mächtige Gletscher vor Tausenden von Jahren geformt haben. Rechts und links die bewaldeten steil aufragenden Bergflanken, unten fließt der Gudbrandsdalslagen, der Fluss, der sich durch das Tal schlängelt. Es wird viele Höhenmeter geben in den folgenden Tagen. Gut, dass ich jetzt dafür Kräfte sammeln kann. Ich inspiziere am darauffolgenden Tag die Altstadt beziehungsweise das Stadtzentrum. Kaum zu glauben, dass hier olympische Spiele stattgefunden haben. Die Einkaufsmeile ist vormittags kaum belebt, erst am Nachmittag füllt sie sich. Abends sitzen die Leute in den Kneipen und Bars, die wenigen hundert Meter sind gut bevölkert von fröhlichen Menschen aus aller Herren Länder. Überall erklingt

Musik, manchmal auch live gespielt. Hier bekomme ich einen Eindruck von der norwegischen Lebensart. Die Menschen sind durch die Bank einfach entspannt und gut drauf. Meine Einkaufsliste für die nächsten Tage muss ich unbedingt noch abarbeiten. Ich brauche eine Isomatte, denn mit Helene werde ich in der kommenden Woche auch im Zelt übernachten müssen, weil die Herbergen so rar geworden sind im Gudbrandstal, dass dabei Streckenlängen zusammenkommen, die jenseits unserer Möglichkeiten liegen. Das Zelt und die anderen Dinge, wie Kochgeschirr und Kocher, bringen zwar zusätzliches Gewicht, aber auch eine große Unabhängigkeit mit sich. Das ist mir wichtig für die nächsten Tage. Im „Sport1" Kaufhaus bekomme ich eine sehr gute, aber auch sehr teure Isomatte. Na gut, was solls. Helene bringt das Zelt, ihr Kochgeschirr und den Kocher mit. Damit sind wir dann autark unterwegs.

Gestern habe ich genug Ruhe gehabt und Kraft getankt. Ich mache mich also heute per Pedes auf den Weg ans andere Ende der Stadt, um das Freilichtmuseum Maihaugen zu besuchen. Hier bekommt der Besucher einen schönen Einblick in die Geschichte und Kultur Norwegens. Historische Gebäude lassen etwas ahnen von der Lebensweise in den letzten Jahrhunderten. Alte Bauernhäuser und -höfe, ein Pfarrhaus aus dem 18. Jahrhundert und sogar eine Stabkirche finden sich auf dem großen Gelände des Museums. Über eine Stunde dauert der interessante Rundgang und wer mag, kann im Forellenteich oben auf dem Berg mit einer historischen Angel auch auf die Fischwaid gehen. So groß ist der Leidensdruck bei mir als Angler nicht. Ich bleibe dennoch ein bisschen stehen und beobachte einen Museumsbesucher tatsächlich bei einem erfolgreichen Angelversuch.

Nach dem Rundgang durch das Freilichtmuseum besuche ich noch das natur- und heimatkundliche Museum. Das ist auch sehr schön aufgearbeitet und interessant dargestellt. Die schlimme Zeit nach 1940 wird nicht ausgespart, findet aber ein durchaus versöhnliches Ende. An der Museumskasse lasse ich mir noch den Pilgerstempel in den Ausweis drücken. Danach besuche ich die nur wenige hundert Meter entfernte Kirche von Lillehammer. Sehr groß und eindrucksvoll ragt der spitze Turm in die Höhe. Heute kann ich die Kirche auch von innen betrachten. Gleich nach dem Betreten werde ich zum Tee eingeladen, nehme diese Einladung gern an und komme mit den beiden älteren Leuten ins Gespräch. Die Kirche ist wie alle norwegischen Kirchen in einem sehr guten Zustand. Sie beherbergt die größte Orgel zwischen Oslo und Trondheim und lädt jeden Sonntag im Sommer zu einem Konzert ein. Im Innenraum finden sich viele moderne Kunstwerke, die sich sehr schön in den Raum einfügen. Nach einer guten halben Stunde verlasse ich die Kirche wieder.

Von hier aus sind es nur wenige Schritte bis zum Bahnhof. Bis Helene mit der Dovrebahn ankommt, sind es noch ein paar Stunden, deshalb gehe ich erst einmal in mein Domizil zurück. Am späten Nachmittag kommt unsere Tochter schließlich an. Die Bahn ist fast auf die Minute pünktlich und fröhlich schließen wir uns in die Arme. Nun geht es ab morgen zu zweit auf den Weg! Abends bummeln wir noch ein wenig durch die City, essen eine Pizza und fallen müde ins Bett.

Maihaugen Freilichtmuseum in Lillehammer

Fischteich im Museum

Kapitel 18

Von Lillehammer zum Odden Camping - Ab hier zu zweit

16.07.23

Vater und Tochter

Im Gudbrandstal schlägt die Stunde für die Zeltpilger. Die Liste der noch vorhandenen Herbergen ist enorm zusammengeschmolzen. Da sind Steherqualitäten gefragt, wenn man ohne Zelt unterwegs ist, und die Etappen dehnen sich mitunter gewaltig aus, beziehungsweise ist der Buchungsdruck bei den wenigen verbliebenen Herbergen sehr hoch. Wer zu spät kommt, den bestraft auch hier das Leben.

Vor ein paar Tagen schrieb mir Simon frustriert, er suchte auf dieser Etappe verzweifelt nach einer Übernachtungsmöglichkeit und wurde dabei weit vom eigentlichen Weg weggetragen. Wir werden das Tag für Tag immer neu bedenken müssen, wo und wie wir die Nacht verbringen. Auch die Streckenprofile sind dabei in den Blick zu nehmen und nicht zuletzt die Preise für die Herbergen. Auf der ersten Etappe ins Tal gibt es am Berg keine normale Pilgerherberge mehr. Lediglich einige sehr teure Hotels. Deshalb beschließen wir, im Tal zu bleiben und einen Teil der Strecke an der Straße entlangzulaufen, um einen der Campingplätze am Fluss für diese Übernachtung zu nutzen. Mal schauen, was die Kräfte so hergeben und wie Helene die ersten Kilometer toleriert. Wir starten unseren heutigen Weg gegen acht Uhr bei leichtem Nieselregen.

Der Olavsweg verläuft nur eine Querstraße von unserer Unterkunft entfernt. Wir sind also schnell nach ein paar Metern auf der richtigen Piste. Die führt am nördlichen Ortsrand von Lillehammer so langsam aus dem Ort heraus. Erst an einigen Wohnhäusern vorbei, später streifen wir einen Kiwi Einkaufsmarkt. Dann biegt der Weg nach links ab und wird zu einem schmalen Pfad, der sich an einer Böschung entlangschleicht. Schmal ist es und feucht, schnell sind wieder die Hosenbeine komplett nass. Manchmal kraxeln wir regelrecht über die Steine. Bald erreichen wir die Hochschule Lillehammer.

Hier war 1994 das Olympische Dorf untergebracht. Die Olympiade von Lillehammer gilt als die nachhaltigste Olympiade aller Zeiten. Alle Einrichtungen und Sportstätten haben eine Nachnutzung gefunden. Das ist beispielhaft. Nachdem wir die Hochschule durchquert haben und an dem ehemaligen Fackelgarten vorbeigelaufen sind, queren wir die E6. Der Weg zweigt auf einen schmalen Pfad entlang der Bahngleise ab. Wieder wird es eng und schmal. Durch den Regen der letzten Tage ist alles rutschig. Wir müssen sehr aufpassen, dass wir nicht stürzen. Aber alles geht gut und der Weg endet an einer

Stelle, an der die Gleise im Berg verschwinden. Große Tore sind am Eingang zu sehen. Es lässt sich nicht erkennen, was sich dahinter verbirgt. Wir laufen daran entlang und gelangen zum Dorf Faberg. Es regnet inzwischen wieder stärker. So nutzen wir eine Bushaltestelle mit Unterstand für die erste längere Pause.

Ich habe unterwegs ziemlich viel Wasser getrunken und muss bald meine Flaschen auffüllen. Da werde ich wohl irgendwo klingeln und fragen müssen. Zwei andere Pilger überholen uns während der Pause, nehmen aber keine Notiz von uns. Sie haben es offenbar eilig. Nach einer knappen halben Stunde geht es für uns weiter. In der Häusersiedlung, durch die wir jetzt laufen, werde ich versuchen, mein Wasserproblem zu lösen. An einem Haus steht ein Mann im langen Kaftan, offensichtlich ein Einwanderer.

Ihn spreche ich an, ob er mir meine Wasserflasche füllen könne. Er antwortet mir auf Englisch, ich sei doch ein christlicher Pilger. Für die habe er kein Wasser. Und dann folgt auf Arabisch eine längere Beschimpfungsarie, die mit dem bekannten Ruf „Allahu Akbar" endet. Damit ist das Gespräch für mich beendet. Ich verabschiede mich freundlich und wir gehen unseres Wegs. Da haben die Norwegen noch ein bisschen Integrationsarbeit vor sich!

Wir laufen jetzt auf einer Schotterstraße immer weiter ins Gudbrandstal hinein. Nach zwei Kilometern unterqueren wir noch einmal die E6 und verlassen an dieser Stelle den originalen Olavsweg, der jetzt am Berghang nach oben führt. Wir bleiben an der Straße im Tal. Unser Ziel, einer der Campingplätze im Tal, rückt immer näher. Nach wiederum einigen

Kilometern an der Leitplanke entlang kommt der Staudamm in den Blick, den wir überqueren müssen, wenn wir auf ersten Campingplatz Hunderfossen übernachten wollen. Er ist mit seinen vielen Attraktionen ein Paradies für Familien mit Kindern.

Es ist erst gegen 12 Uhr, wir fühlen uns noch frisch und beschließen, doch noch ein Stück weiterzugehen. Dieser Weg verläuft zunächst auch wieder an der Leitplanke entlang und später auf Fußwegen. Der Verkehr ist allerdings sehr ruhig. So stört eigentlich nur der harte Untergrund, der uns doch langsam ermüdet. Wir befinden uns bald wieder auf Olympiaboden, denn rechts von uns kommt die Gondelbahn von Hafjell in den Blick. Die Skipisten sind auch ohne Schnee deutlich zu erkennen. Hier wurden 1994 die technischen Skidisziplinen ausgetragen, also Riesenslalom und Slalom. Im Tal befinden sich unterhalb der Gondelbahn etliche Hotels und Pensionen. In der Pension Aasletten, die auch als Pilgerherberge ausgewiesen ist, kann ich meine Wasservorräte auffüllen und wir können auch die Toiletten nutzen. Nun steht uns der Sinn nach einem leckeren Kaffee. Diesen Wunsch erfüllt uns ein italienisches Restaurant, an dem wir nur wenige hundert Meter später vorbeikommen. Im Schatten der großen Regenschirme im Außenbereich finden wir Platz und freuen uns über den koffeinhaltigen Motivationsschub. Der benachbarte Supermarkt ist offen, wie brauchen aber nichts und setzen unseren Weg fort. Es ist immer noch sehr früh am Nachmittag. Wir beschließen, auch den Campingplatz Rybakken Camping auf dem anderen Ufer des Flusses liegen zu lassen. Vor uns liegt Oyer, ein kleines Örtchen mit einer Kirche, die wir allerdings nur von Weitem wahrnehmen. Unsere Füße werden langsam schwer, die 20 Kilometer Marke haben wir lange hinter uns gelassen. Von Süden her schiebt sich eine Nebelwand ins Tal, von Norden her zeigen sich dunkle Wolken. Es wird langsam Zeit, dass wir unser Quartier finden und beziehen. Es sind noch drei Kilometer bis zum Campingplatz Odden Camping. Die sind schnell abgespult, insgesamt sind es gut 23 Kilometer heute, die wir zurückgelegt haben. Helene ist erstaunlich fit und hat keine Probleme mit der Strecke.

Wir kommen auf dem Campingplatz genau zur richtigen Zeit an, denn jetzt öffnet der Himmel seine Schleusen. Es regnet richtig kräftig. Wie es scheint, sind noch ein paar Hütten unbesetzt. Wir warten unter dem Vordach der Rezeption den schlimmsten Regenguss ab und rufen dann den Besitzer an, dessen Frau auch wenig später kommt, uns freundlich begrüßt und den Schlüssel für die Hütte übergibt. Jetzt sind wir also etwa auf der Höhe der planmäßigen Unterkunft Skaden Gard, die es leider nicht mehr gibt. Wir beziehen unsere Hütte, stellen die Heizung an und versuchen zunächst einmal, unsere feucht gewordenen Hosen und Schuhe zu trocknen. Dann geht es in die Waagerechte. Wir müssen uns ein wenig erholen. Zum Abend brutzeln wir uns ein leckeres Nudelgericht. Danach erleben wir eine recht unruhige Nacht, denn die E6 führt nur 30 Meter an unserer Hütte vorbei und ist auch nachts recht gut befahren. Bei manchem vorbeifahrenden LKW stehe ich im Bett. Aber auch diese Nacht ist irgendwann vorbei.

Der Gudbrandsdalslagen

Auf dem Campingplatz Odden

Kapitel 19

Vom Odden Camping zum Mageli Camping –
Viele Höhenmeter auf dem Weg

17.07.23

Während meiner Olavswegwanderung zeichne ich die Wanderstrecke jedes einzelnen Tages mit meiner Garmin Smartwatch auf. Die nackten Zahlen, die ich da jetzt jeden Abend präsentiert bekomme, sagen ganz viel aus. Kalorienverbrauch, Höhenmeter, Zeit in Bewegung, Zeit in Ruhe, maximale Herzfrequenz und vieles mehr. Aber wie subjektiv anstrengend sich eine Etappe angefühlt hat, zeigen die Zahlen nicht.

Wir sind gespannt, wie sich das heute bei uns darstellen wird. Nach einem kurzen Müslifrühstück und einem Cappuccino starten wir wieder recht früh unsere heutige Wanderung. Wir müssen zuerst zurück in den Schoß des Olavsweges kommen. Der gestrige Tag hat uns doch um einige Kilometer von der eigentlichen Pilgerstrecke weggeführt. Nach etwa sechs Kilometern kommen wir laut Kartenapp wieder auf den Weg. Diese Kilometer werden es in sich haben, das ahnen wir bereits auf den ersten Metern. Es gibt nur eine Richtung und die zeigt bergauf.

Skaden Gard liegt auf 500 Metern Höhe, unser Campingplatz auf 140. Gemeinsam quälen wir uns auf dem langen Weg nach oben. Wir laufen an ein paar schönen Häusern vorbei und kommen mit zwei älteren Norwegern ins Gespräch, die sich für unsere Mission interessieren. Bei der Frage, wohin wir wollen, runzeln sie die Stirn, wünschen uns viel Kraft und einen guten Weg. Die Strecke zieht sich unheimlich hin und Helene fragt sich, wieso sie sich so etwas in ihrem Urlaub antut. Es kommt aber auch niemand vorbei, der uns ein Stück mitnehmen könnte. Scheinbar ist das eine Straße, die nur von den Einheimischen genutzt wird, die hier auch wohnen. Immer wieder schaue ich auf das Handy. Wie weit sind wir? Wie weit ist es noch bis zum Pilgerweg? Stück für Stück verkürzt sich die Strecke, bis ich endlich den ersten Olavswegpfahl entdecke. Es geht an der Straße entlang leicht bergan und später ein ganzes Stück eben weiter.

Wieder beginnt es zu regnen und wir ziehen uns die Regenjacken an. Irgendwie nervt der Regen jetzt langsam doch. Die Temperaturen sind im Gegensatz zu den ersten Tagen auf dem Weg moderat und sehr angenehm, aber die permanente Feuchtigkeit wird jetzt doch belastend. Nun führt der Weg nach einigen hundert Metern wieder rechts in den Wald hinein. Es wird gleich wieder richtig steil und anstrengend. Da werde ich viel Geduld brauchen. Helene benötigt auch ihre Pausen und keucht ganz schön.

Über gut zwei Kilometer geht es steil an Viehweiden entlang auf Waldwegen und schmalen Pfaden durch den Wald und nach oben. So mancher leise und laute Fluch verlässt meine Lippen. Aber was solls, ich habe mir das ja selbst so ausgesucht. Das Mehrgewicht unserer Rucksäcke mit der Campingausrüstung trägt auch nicht gerade zur Entlastung bei.

Nach schier endlosen Minuten und Stunden des Aufstiegs wird der Wald dann doch irgendwann licht. Wir kommen dem Gipfel näher. Hier warten ein paar Überraschungen auf uns. Nicht nur die wilden Erdbeeren und Himbeeren, die wir uns schmecken lassen. Nein, es gibt hier sogar Kunst am Berg! Ein riesengroßes Insekt aus Metall schmückt den Berggipfel. Eine Bank lädt zum Verweilen und zum Genießen ein.

Der Blick von hier oben in die Weite der Landschaft und hinunter ins Tal ist einfach herrlich. Er entschädigt für die Strapazen des langen, mühevollen Aufstiegs. Von hier an wird es heute nur noch moderate Anstiege geben. Zuletzt erwartet uns noch einmal ein sehr anstrengender, kilometerlanger Abstieg zum Fluss. Aber da sind wir noch lange nicht. Auf dem Berg nimmt der Regen wieder zu und uns zieht es zu der kleinen Pilgerherberge Stalsbergsvea, die nur kurz hinter der Bergkuppe liegen muss. Tatsächlich finden wir zuerst ein Plumpsklo auf dem Weg und 200 Meter weiter die kleine Herberge. Ein grünes Zelt steht davor und es sind Stimmen zu hören, zwei Frauen, die vermutlich aus Tschechien oder Polen stammen.

Wir betreten die Herberge und sind ganz angetan von der kleinen Hütte. Es findet sich Wasser im Kanister, ein Wasserkocher und auch Kaffee. Alles, wonach uns jetzt gelüstet. Wir wärmen uns auf, kochen uns einen Kaffee und warten den Regenguss ab. Tatsächlich hört es bald auf zu regnen und wir können unseren Weg fortsetzen, der jetzt angenehm und langsam nach unten führt. Wir stoßen auf eine Asphaltstraße, die führt uns wieder nach oben.

Ein rechts vom Weg stehender Glockenturm weckt mein Interesse. An dieser Stelle stand bis zum 14. Jahrhundert eine Kirche. Die Glocke soll daran erinnern. Kjorkehaugen heißt dieser Ort. Neben der Glocke erinnert ein steinerner Altar an das alte Gotteshaus. Hier gibt es wohl hin und wieder auch noch Veranstaltungen, denn das Grundstück macht einen recht gepflegten Eindruck. Wir erholen uns kurz in einem Unterstand und setzen unseren Weg fort, der uns erst wieder ein Stück hinab und später auf einen Pfad an Kuhweiden und Feldern entlangführt. Immer wieder haben wir einen schönen Ausblick ins Tal. Langsam kommen wir dem Ziel näher.

Noch einmal geht es in den Wald, es folgt eine wieder sehr anspruchsvolle Passage mit ein paar Kraxelstellen und vielen Steinen auf dem Weg. Es ist nass und glitschig. Da ist absolute Aufmerksamkeit gefragt. Ein falscher Tritt kann hier fatale Folgen haben. Die eine oder andere Zauntreppe gilt es auch unfallfrei zu überqueren. Aber alles geht gut. Dennoch sind uns die Strapazen des Tages ins Gesicht geschrieben. Den Zenit unserer Kräfte haben wir schon lange hinter uns. Wir kommen am Glomstad Pensionat vorbei. Die Herberge hat Doris für diese Etappe genutzt.

Wir müssen noch ein paar Kilometer weiter. Der steile Abstieg hinunter zum See und zum Mageli Campingplatz beginnt. Gut vier Kilometer geht es jetzt richtig steil bergab durch das Gelände. Mehr als 400 Höhenmeter sind es insgesamt. Über Viehweiden, Bauernhöfe und hin und wieder auch Schotterwegstücke geht es hinab. Serpentinen wechseln sich mit steilen Abstiegen im Wald ab. Ich setze den Rucksack kurz auf den Boden und nehme meine beiden Wanderstöcke zu Hilfe.

Ohne sie ist mir das zu gefährlich bei dieser Nässe. Immer wieder laufen wir an Bächen und Flüssen entlang, queren alte Stein- und Holzbrücken. Manchmal ist es schwierig, die Olavswegzeichen richtig zu deuten und zu finden.

Da hilft immer wieder ein Blick aufs Smartphone. Der Fluss liegt noch immer sehr weit unten, irgendwann hören und später sehen wir die E6. Noch einmal pausieren wir an einem alten Gebäude, das wohl kurz vor der Sanierung steht. Wir müssen über einen Holzeinschlag, auf dem die Harvesterspuren noch deutlich zu sehen sind und übersteigen eine letzte Zauntreppe. Rechts oder links, das ist hier die Frage. Wir wollen zum Campingplatz, aber der ist hier auf den Schildern nicht erwähnt.

Leider schaue ich nicht zur Kontrolle ins Buch und so laufen wir in die falsche Richtung. Das bemerke ich irgendwann und wir nutzen einen Waldweg, der in meiner Kartenapp eingezeichnet ist und kommen sozusagen auf krummen Wegen bis hinunter zur E6. Jetzt noch vierhundert Meter neben der Leitplanke bis zum Campingplatz laufen, dann haben wir es geschafft. Knapp 19 Kilometer waren es heute und wir sind glücklich, es geschafft zu haben. Die Anmeldung in der Rezeption des Platzes läuft problemlos. Für kleine Zelte ist hier immer irgendwo Platz. Wir suchen uns ein Fleckchen direkt am Fluss und bauen schnell das Zelt auf, denn auch heute bietet sich dasselbe Szenario wie gestern, eine Nebelwand und dunkle Wolken schieben sich durchs Tal. Wir haben unser kleines Wanderzelt gerade fertig aufgebaut, da beginnt es schon kräftig zu regnen. Unsere Hundehütte wird gleich einem ersten Belastungstest ausgesetzt, Wir schlüpfen in unsere

Schlafsäcke und warten den Regen ab. Den Dichtigkeitstest besteht das Zelt tadellos. Wir bleiben trocken und auch die Rucksäcke, die in den Apsiden Platz gefunden haben, sind trocken. Zur Feier des Tages genehmigen wir uns am Abend ein richtiges Abendbrot im Campingplatzbistro und lassen uns unsere Burger schmecken. So klingt der Tag gemütlich aus. Erschöpft lassen wir uns auf unsere Isomatten fallen und schlafen, auch wenn es recht eng ist, schnell ein.

Immer wieder wunderbare Blicke ins Tal

Kapitel 20

Vom Mageli Camping nach Ringebu - Alte Stabkirche

18.07.23

Der gestrige anstrengende Tag mit seinen fast 700 Höhenmetern hat doch mehr Kraft gekostet als vermutet. Die Nacht im engen Zelt war nicht so erholsam, wie sie hätte sein sollen, um heute wieder mit voller Kraft auf die Etappe nach Ringebu zu gehen. Immerhin warten wieder etliche Höhenmeter auf uns. Helene und ich sind uns einig, heute muss Plan B her. Schließlich liegen noch viele Kilometer vor uns. So wird im „Pilgerrat" kurzfristig entschieden, für einen Teil der Strecke die Hilfe des öffentlichen Personennahverkehrs in Anspruch zu nehmen. Wenn man ans Ziel kommen will, muss man als Pilger gut zu sich sein und manchmal auch zu solchen Mitteln greifen.

Dank unserer gut ausgestatteten Smartphones ist die mögliche Busanbindung auch schnell gefunden. So wandern wir nach dem Frühstück und dem Einpacken des Zeltes zunächst gut einen Kilometer quasi als "Warmlaufstrecke" zur Bushaltestelle entlang der E6. Wir sind spät dran und müssen uns etwas beeilen. An der E6 direkt neben der Leitplanke ist das Wandern nicht gerade eine Freude, aber die Norweger sind sehr rücksichtsvoll und weichen uns, wenn möglich, großzügig aus. Von der Bushaltestelle aus fahren wir etwa 10

Kilometer mit dem Bus bis nach Favang, einen etwas größeren Ort mit guter Infrastruktur.

In Favang verläuft der Olavsweg unten am Fluss durch den Ort, um sogleich wieder nach oben an den Berghang zu wechseln. Direkt gegenüber der Bushaltestelle in Favang befindet sich ein Supermarkt. Hier nutzen wir die Möglichkeit, uns mit ein paar Lebensmitteln zu versorgen und füllen auch den Wasservorrat wieder auf. Nach einer kurzen Pause laufen wir zurück zum Stadtzentrum und auf den Olavsweg, der nach links durch den Ort führt, bevor er rechts an einem Fluss entlang auf den Berghang führt. Steile Aufstiege in sehr durchfeuchtetem Gelände machen es uns nicht leicht. Das Gudbrandstal fordert wirklich die letzten Kraftreserven. Ist man erst einmal auf dem Höhenweg, dann wird alles wieder gut. Aber der Weg bis dorthin ist immer wieder ein Kraftakt. Gefühlt geht es auch heute den ganzen Tag fast ausschließlich bergan. Ich habe ehrlich gesagt ein bisschen Angst um meine Achillessehnen und die Wadenmuskulatur. Glücklicherweise folgen nach den steilen Aufstiegen immer wieder entspannte Passagen auf Schotterwegen. So ist es auch heute.

Etwas irritiert sind wir, als plötzlich immer wieder Schüsse durch das Tal peitschen. Ein Jäger? Nein, so oft hintereinander schießt der nicht. Nach ein paar hundert Metern klärt es sich auf, wir passieren gerade einen Schießplatz und man ist hier offensichtlich dabei, zu trainieren. Interessant, wie unterschiedlich sich die einzelnen Schüsse anhören, je nachdem aus welcher Waffe sie abgefeuert werden und ob sie ihr Ziel treffen oder nicht. Ein bisschen gruselig ist das schon, hier so einfach zu spazieren, während nebenan geschossen wird.

Bald ist der Spuk aber vorbei und wir lassen den Schießplatz hinter uns. An einer der heute sehr seltenen Pilgerbänke machen wir Rast und es gesellt sich eine nette norwegische Wandergruppe zu uns. Sie haben nur leichtes Gepäck dabei, sind auch schon etwas älter und wollen heute ebenfalls bis nach Ringebu. Wir unterhalten uns kurz und wünschen uns einen guten, gesegneten Weg.

Sonst begegnen wir heute keinen Pilgern. Auf dem Mageli Campingplatz haben wir etliche gesehen, auch ein deutsches Pärchen im Zelt neben uns, aber sie werden wohl alle heute irgendwo zelten. Das Wetter wechselt ständig zwischen Sonne und Regen. Ich ziehe beinahe im Halbstundentakt meine Regenjacke an und aus. Glücklicherweise sind es immer recht kurze Episoden, denn Unterstellmöglichkeiten finden wir hier im Wald kaum.

Dafür haben wir immer wieder schöne Ausblicke ins Tal. So führt unser Weg heute über gut 10 Kilometer hinauf und hinab, selten gibt es einmal Strecken zur "Erholung". Mutter Natur und der Olavsweg, der ja bekanntlich gut für seine Pilger sorgt, meinen es heute tatsächlich gut mit uns. So gibt es immer wieder mal einen Vitaminstoß direkt vom Strauch. Blaubeeren und vor allem Himbeeren säumen den Weg allerorten. Das tut uns gut. Zur Mittagszeit kochen wir uns einen frischen Kaffee und wecken so für den Schlussspurt noch einmal die Lebensgeister. Dazu gibt es ein paar Riegel und andere Köstlichkeiten aus den eisernen Reserven. Die letzten Kilometer geleiten Helene und mich wieder durch den dichten Wald. Irgendwann wird der etwas matschige Waldweg immer breiter. Wir kommen an einem historischen Ort an. Hier war im Mittelalter eine Hinrichtungsstätte. An dieser Stelle verlassen wir den Wald und schon kommen die ersten Häuser der Ortschaft Ringebu in den Blick. Die Uhr zeigt gerade kurz vor 14.30 Uhr an. Von weitem hören wir eine Glocke läuten. Vermutlich eine Beerdigung, kombiniert sogleich mein Pastorenhirn. So ist es tatsächlich. Der Friedhof und die Kirche sind gesperrt. Gut 100 Trauergäste stehen um die Grabstelle herum. Von den beiden "Türwächtern" am Friedhofstor erhalten wir zunächst unsere Stempel für den Pilgerpass. Sie vertrösten uns auf später. Es regnet im Moment wieder stärker und so laufen wir noch die paar Schritte weiter bis zum alten Prestegarden, dem ehemaligen Pfarrhaus mit seinem opulenten und wunderbar angelegten Gartengrundstück.

Heute befindet sich hier eine kleine Künstlerkolonie, es wird gemalt, ausgestellt und verkauft. Meist sind es Landschaftsbilder mit Motiven aus dem Gudbrandstal. Daneben gibt es im alten Pfarrhaus, das aus der zweiten Hälfte des 19. Jahrhunderts stammen mag, ein nettes Cafe`. Wir bestellen uns einen Kaffee und eine Waffel, die wir mit selbstgemachter Marmelade und Schlagsahne verfeinern. Der Kaffee tut unendlich gut. Und auch das skandinavische "Refill" - Prinzip, das wir auch von Ikea kennen, ist einfach klasse. So steht einer zweiten Tasse nichts im Wege. Einen Stempel findet die junge Dame an der Kasse auch noch! Pilgerherz, was willst du mehr? Wir lassen den Regenschauer draußen an uns vorbeigleiten und genießen das schöne Ambiente in den stilvollen, großen Räumen des Pfarrhauses. Nach einer Stunde verlassen wir das Café und schauen noch einmal hinüber zur Kirche. Auf dem Weg dorthin treffen wir auf einen jungen Mann aus

Deutschland, der hier in Norwegen mit dem Fahrrad und einem Zelt unterwegs ist. Er macht eine Tour durch den Süden des Landes. Er ist schon wieder auf dem Weg in Richtung Oslo. Wir unterhalten uns eine Weile und wünschen uns einen guten weiteren Weg. Inzwischen scheint wieder die Sonne und wir können die Kirche auch von innen in Augenschein nehmen. Vieles erinnert mich an die Stabkirche in Lom, die wir in unserem Urlaub vor ein paar Jahren besucht haben. Was diese Kirche so einzigartig macht, sind die Lage und der Blick ins Tal. Es handelt sich bei dieser Stabkirche um eine der ältesten ihrer Art hier in Norwegen. Der Innenraum ist inzwischen recht stark abgedunkelt. Er beherbergt einen prunkvollen barocken Altar von 1686 mit gewaltigen Bildern und Statuen. Die langen senkrechten Holzsäulen verleihen dem Kirchenraum eine große Erhabenheit. Sie als auch das Hauptschiff stammen noch von dem ursprünglichen Kirchenbau aus dem Jahr 1220. Diese Kirche wurde 1630 in die heutige Kreuzform umgebaut und mit ihrem rot angestrichenen Turm ausgestattet.

Die Besonderheit der Stabkirchen ist, dass auf jeglichen Gebrauch von Nägeln, Schrauben oder Beschlägen verzichtet wurde und alle hölzernen Bauteile lediglich miteinander verzapft wurden. Insgesamt sind noch 28 Stabkirchen in Norwegen erhalten geblieben. Sie werden immer wieder restauriert und bewahrt. Auch in Ringebu standen bis vor einigen Jahren über eine lange Zeit Baugerüste um Kirche und Turm. Heute zeigt sie sich von ihrer besten Seite. Sie ist einer der Touristenhotspots in Südnorwegen.

Wir erleben den einen oder anderen Bus, der in diesem Moment auf den Parkplatz fährt. Die Touristen füllen immer wieder die Kirche und den Friedhof. Dankbar entkommen wir bald dem Trubel, schießen noch ein paar Fotos von außen bei dem jetzigen Sonnenschein und laufen die paar Schritte bis zur Pilgerherberge Gildesvollen. Die liegt nur einen Steinwurf von der Kirche entfernt sehr lauschig auf einem riesigen Grundstück. Das gehörte in früherer Zeit auch der Kirchengemeinde, wird jetzt aber schon viele Jahre von einem holländisch-norwegischen Ehepaar, von Tom und Janke, bewirtschaftet. Wenn man die Gartenpforte in die Hand nimmt, verzaubert einen das Grundstück schon auf den ersten Metern. Es ist alles sehr gepflegt, der Rasen wird mit einem Mähroboter kurzgehalten und auch der Blumen- und Gemüsegarten machen einen sehr gepflegten Eindruck. Wir sind in dem Haus untergebracht, in dem sich auch die Holzwerkstatt des Hausherrn befindet. Vom Kochlöffel bis zum Kuchenteller wird hier verschiedenste Holzkunst anfertigt und verkauft. Es duftet nach frischem und abgelagertem Holz im ganzen Haus. Die beiden Gastgeber sind darüber hinaus Hobbyimker. Sie bieten ihren Honig auch in kleinen Filmdosen für Pilger an, also in Pilgergrößen. Janke führt uns in die Verkaufsräume. Wir erledigen erst einmal den geschäftlichen Teil, bezahlen die Übernachtung und bekommen den Pilgerstempel. Bis jetzt sind wir die einzigen angemeldeten Gäste, manchmal kommen aber auch unangemeldete Pilger, deshalb müssen wir schauen, ob die Zimmerzuteilung so bleiben kann. Helene und ich bekommen ein eigenes Zimmer. Die Küche ist gut ausgestattet. Das Bad mit der Waschmaschine lässt auch keine

Wünsche offen. Wir nutzen die Möglichkeiten der Technik und waschen unsere Wäsche heute mit der Waschmaschine. Gut, dass wir uns für die Abkürzung unserer heutigen Wanderstrecke entschieden haben. Und wir sind dankbar für diese schöne Unterkunft mit Blick auf die Stabkirche in Ringebu. Ich bin gerade dabei, mir ein paar Notizen über den zurückliegenden Tag zu machen, als es unruhig wird auf dem Flur. Es kommen tatsächlich noch zwei Pilger am Abend hier an. Frank und Micha aus dem Brandenburgischen sind mit dem Zug angereist und starten ihre Olavswegwanderung hier in Ringebu. Die beiden haben riesige, schwere Rucksäcke dabei. Zwanzig Kilo sind es wohl. Aber sie machen sich keine Sorgen, ob sie dem Gewicht gewachsen sind. Wir wünschen ihnen jedenfalls einen gesegneten Weg und viel Kraft. Gemeinsam bereiten wir unser Abendessen vor. Helene und ich kochen uns ein paar Nudeln. Die zwei Neuankömmlinge werden davon auch noch satt. Wir bleiben noch ein paar Minuten sitzen und berichten den beiden von unseren bisherigen Erfahrungen. Wir sind gespannt, ob wir uns noch einmal über den Weg laufen werden. Zufrieden und mit einer Portion Vorfreude auf den morgigen Tag sagen wir uns mit dem Einsetzen der Abenddämmerung „Gute Nacht" und haben in den bequemen Betten einen erholsamen Schlaf. Morgen werde ich irgendwann die 300 Kilometermarke knacken. Übermorgen kann ich Bergfest feiern. Dann ist die Hälfte der Strecke geschafft.

Die Stabkirche in Ringebu

Kapitel 21

Von Ringebu ins Pilgerzentrum Dale Gudbrand

19.07.23

Wir haben für heute Nacht zwei Betten im Pilgerzentrum in Hundorp gebucht. Dadurch lassen wir eine der bedeutendsten Herbergen auf dem Weg aus. Das ist schade, aber wir werden morgen in Sygard Grytting ohnehin vorbeikommen und können uns den historischen Bauernhof so auch aus der Nähe anschauen. So haben wir heute nur knapp 16 Kilometer zu bewältigen. Wir starten vor den beiden Brandenburgern und laufen auf direktem Weg an der Straße hinab nach Ringebu. Mir ist dieser Weg schon von der Herfahrt mit dem Auto vertraut. An der Sporthalle in Ringebu hatte ich damals eine Nacht im Auto verbracht. Es gibt für die frühen Morgenstunden eine ganze Menge Autoverkehr hier auf dieser Nebenstraße. Das Wetter könnte nicht besser sein. Die Temperaturen sind angenehm, die Sonne versteckt sich hinter ein paar Wolken. Die E6, an der wir nun nach einer halben Stunde für gut zwei Kilometer entlanglaufen, ist gut befahren. So sind wir froh, als wir diese verlassen können und die ersten Fahrrad- und Fußwege des Ortes in Sicht kommen.
Ringebu liegt ziemlich langgestreckt im Tal. Im Ortszentrum befindet sich die Tankstelle. In Norwegen befinden sich an den Tankstellen üblicherweise immer ein paar Sitzgelegenheiten. So auch hier. Die Sonnenschirme an den Picknick-

bänken sind zwar noch nicht aufgespannt, aber das bekommen wir auch selbst hin.

Im Schatten erholen wir uns von den ersten vier Kilometern des Tages und kommen mit zwei norwegischen Bikern ins Gespräch. Sie wollen eine Rundtour bis an die schwedische Grenze machen. Sie tanken ihre schweren deutschen Maschinen hier noch einmal voll. Diese heutige Tagesetappe sollte uns nicht vor allzu große Herausforderungen stellen. Sie ist im Wesentlichen flach und auch nicht so lang. Also mal eine Etappe zum Genießen! Unsere Rucksäcke haben auch spürbar an Gewicht verloren, dank der gestern verspeisten Spaghetti. Nachdem wir uns etwas erholt haben, geht es weiter. Nun verläuft der Weg an der Nebenstraße entlang wieder auf Hanghöhe. Innerorts sind dazu einige Höhenmeter zu bewältigen. Das Tal ist an dieser Stelle deutlich breiter und wir müssen für einige Stunden auf den Blick auf den Fluss verzichten. In Höhe des Ortsausganges von Ringebu biegt der Weg links auf eine Schotterstraße in den Wald ab. Entlang an landwirtschaftlich genutzten Flächen führt er nun leicht wellig über gut sechs Kilometer immer schön geradeaus, eine Wohltat gegenüber den Strapazen der Vortage, auch wenn der harte Boden den Füßen natürlich nicht gefällt.

Eine wunderschön auf einer kleinen Anhöhe neben der Straße gelegene Pilgerbank lädt zum Verweilen ein. Das Angebot nehmen wir gern an. Im Bach, der unweit des Pilgerbänkchens entlangfließt, füllen wir mit Hilfe des Wasserfilters die Trinkflaschen auf. Gut, dass wir daran dachten. Ich habe doch ein besseres Gefühl, wenn wir das Wasser gefiltert aus dem Bach trinken. An ein paar Bauernhöfen vorbei geleiten uns die Olavswegzeichen nun ins nächste Waldstück. Das führt uns an eine enge, tiefe Felsschlucht, durch die sich ein reißender Bach, die Frya, stürzt. Laut und mächtig klingt der Wasserfall. Die Felsschlucht sieht bedrohlich aus. Nachdem wir den Bach überquert haben, laufen wir ein kleines Stück an ihm entlang durch hohes Gras. Wir müssen die eine oder andere Zauntreppe überwinden, überqueren eine frische Rodung und nähern uns der nächsten Ortschaft. Wieder lädt eine Bank direkt an der Straße zum Verweilen ein. Wir heizen den Kocher an und zu den Obstriegeln, die wir noch haben, gibt es einen leckeren Cappuccino. Zwei Drittel der geplanten Tagestour sind geschafft! Nun kommt der anspruchsvollste Teil des Weges auf uns zu. Immer an der E6 unter uns führt uns ein schmaler Pfad am Hang entlang. Ein falscher Schritt und die Pilgerwanderung ist zu Ende! Jetzt sind absolute Konzentration und Trittsicherheit gefragt. Ungefähr zwei Kilometer lang ist dieser Abschnitt, der uns auf die E6 führt.

An der Leitplanke laufen wir noch einen Kilometer leicht bergauf und erblicken schon von Weitem das Pilgerzentrum Dale Gudbrands Gard. Vor dem Gebäude treffen wir auf Simone und Gerd aus Leipzig. Sie haben auf ihrem Olavsweg eine Mission zu erfüllen. Gerd hatte schon vor Jahren einmal versucht, den Olavsweg zu laufen, hatte aber nicht bedacht, dass im Mai noch mit Schnee auf dem Weg zu rechnen ist. So war er damals in Lillehammer gestrandet. Die beiden sind nun dabei, die Mission zu Ende zu bringen. Sie haben hier nur eine Pause gemacht und helfen uns bei den Fotos am Meilenstein, der direkt vor dem Pilgerzentrum steht. 337 Kilometer sind es noch. Die 300 Kilometermarke habe ich jetzt also schon geschafft. Morgen wird dann das Bergfest gefeiert.

Inzwischen ist das Pilgerzentrum geöffnet. Ein netter junger Norweger namens Brage empfängt Helene und mich mit einem Kaffee. Er freut sich offensichtlich, nun endlich etwas zu tun zu haben und auch Gesprächspartner gefunden zu haben. Brage hat hier einen Ferienjob. Ansonsten studiert er irgendetwas Technisches. Hier im Pilgerzentrum nutzen wir den langen Nachmittag und Abend zum Kräftesammeln für den anstrengenden Aufstieg, der morgen vor uns liegt. Gemütlich ist es hier. In den historischen Betten werden wir hoffentlich gut schlafen. Gemeinsam mit Helene bin ich bis heute 73 Kilometer gewandert. Ob wir die Hundert schaffen werden? Zwei Tage sind wir noch gemeinsam unterwegs. Dann geht es für mich wieder allein weiter. Am Abend kochen wir uns wieder eine Kleinigkeit. Brage bietet uns etwas von seinem Essen an, aber die norwegischen Köttbullar schmecken überhaupt nicht. So verzichten wir auf dieses Angebot. Am Abend kommt noch die norwegische Wandertruppe an, die wir gestern vor Ringebu getroffen haben. Damit ist das Haus gut gefüllt und zwei späte Pilger müssen ihr Zelt draußen aufbauen. Wir schlafen wieder recht früh in der ersten Abenddämmerung ein und erholen uns gut für die am nächsten Tag vor uns liegenden Kilometer.

Immer wieder schön, der Blick ins Tal

Eine der unzählingen Zauntreppen

Shoppen auf norwegisch

Farbenfrohes Gudbrandstal

Kapitel 22

Vom Pilgerzentrum Dale Gudbrand nach Vinstra –
Therapie für die Höhenangst

20.07.23

Der Dom des Gudbrandstales

Wir müssen jetzt ein wenig taktisch vorgehen, wenn es um
die letzten Etappen geht, die Helene und ich gemeinsam laufen. Sie muss in drei Tagen mit der Dovrebahn wieder nach
Oslo zurückfahren und fliegt mittags von dort in Richtung Zü-
rich. Deshalb sollten wir am Abend zuvor an einem Ort

ankommen, an dem die Bahn auch hält. Otta ist zu weit weg. Das ist nicht zu schaffen. So bleibt nur Kvam als Zusteigebahnhof. Hier befindet sich auch der Campingplatz ganz in der Nähe des Bahnhofs. Das passt also sehr gut. So macht es für uns Sinn, die lange Etappe nach Kvam zu teilen und zwei kürzere daraus zu machen. Wir müssen obendrein auch die gut vier Kilometer bis zum alten Bauernhof Sygard Grytting dazurechnen. Also legen wir Vinstra als Etappenziel fest und buchen in Ermangelung einer Herberge wieder ein Zimmer über Airbnb. Das funktioniert auch problemlos.

Wir starten nach dem Frühstück gemeinsam mit einigen anderen Pilgern, die zum Teil im benachbarten Hotel übernachtet haben und treffen uns nach gut zwei Kilometern an der Sör Fron Kirche. Als wir uns der Kirche nähern, hören wir von weitem das Glockenspiel. Die „Ode an die Freude" von Beethoven kann ich deutlich erkennen. Auch eine bekannte Melodie von Johann Sebastian Bach erklingt. Viermal täglich erklingt jeweils zur vollen Stunde das Glockenspiel. Die achteckige, riesig große Kirche beeindruckt nicht nur mich schon aus der Entfernung. Sie wird von den Einheimischen auch Dom des Gudbrandstales genannt. Mit ihrer barocken Ausstattung, den imposanten Emporen, der großen Orgel und den vielen Sitzplätzen hat die Kirche einige Superlative zu bieten. Fast 1000 Menschen finden im Gudbrandsdalsdom ihren Platz. Zuerst fotografiere ich den imposanten Kirchenbau von außen. Es ist nicht so einfach, die richtige Position zu finden, um das gewaltige Bauwerk gut in Szene zu setzen. Die wunderbaren Wolkenformationen am Himmel machen es mir aber heute leicht, ein paar schöne Aufnahmen in den Kasten zu bekommen. Inzwischen kommt auch der Schlüsselgewaltige. Freundlicherweise hat der Leiter des Pilgerzentrums dafür gesorgt, dass wir uns die Kirche so früh am Morgen anschauen können. Normalerweise öffnet sie ihre Pforten erst ab 11.00 Uhr. So bekommen wir einen kurzen Eindruck von der Erhabenheit und Schönheit dieser einmaligen Kirche. Dankbar nehmen wir auch den Stempel in Empfang. Mein erster Pilgerausweis ist jetzt schon fast bis auf das letzte Feld gefüllt. Bald muss ich den zweiten beginnen. Nach der Besichtigung machen wir noch einmal kurz Station an der Tankstelle, kaufen ein paar Snacks für unterwegs, füllen unsere Trinkflaschen auf und schon sind wir wieder auf dem Weg in Richtung Sygard Grytting. Sygard Grytting ist ein Bauernhof, der sich seit 600 Jahren im Besitz der Familie Grytting befindet. Heute ist Stig Grytting der Besitzer des Hofes. Die Winterolympiade 1994 bescherte ihm die Chance, den Hof umfassend zu sanieren und um weitere Gebäude zu ergänzen. Damals gab es Fördermittel zuhauf. Schön wäre es gewesen, auch hier zu übernachten, aber das passte nicht so ganz in unseren Etappenplan. Die Übernachtung ist inclusive Versorgung auch „very expensive", also ziemlich preisintensiv.

Leider hat der Hof zwischen 10.00 und 14.00 Uhr geschlossen. So verweilen wir dort nur kurz, setzen uns an einen Tisch in der Mitte des Hofes, genießen das altehrwürdige Ambiente und sammeln ein bisschen Kraft für den harten Aufstieg, der uns nun bevorsteht. 2,5 Kilometer geht es jetzt steil bergauf, erst durch das Gelände an einem Bach entlang, später dann auf geschotterten Wegen. Immer wieder entschädigen uns die Blicke ins Tal für die Strapazen. Viele Verschnaufpausen braucht es und wir werden beide an unsere konditionellen Grenzen geführt. Die letzten Meter bis zum Gipfel müssen wir durch ein Flussbett kraxeln, also durch Matsch und Wasser. Glücklicherweise blieb es gestern und bleibt es heute trocken. Erstaunt sind wir immer wieder, wenn wir fitten norwegischen Senioren begegnen, die mal eben zum Spaß bis ganz nach oben zu den besonderen Viewpoints wandern.

Ein nettes Gespräch mit einem norwegischen Wanderer entwickelt sich heute auch wieder, als wir eine Bank an einer Wegkreuzung für eine längere Kaffeepause nutzen. Nachdem der Gipfel geschafft ist, führt der Weg für uns weiter auf schmalen Pfaden, immer an der Felskante entlang. Diese Strecke wird im Pilgerführer extra erwähnt. Das ist nichts für Menschen mit Höhenangst. Rechts die Felswand, ein bis zwei Meter breit der Weg und dann der Abgrund. Aber die Strecke ist dennoch gut zu laufen, bietet dabei spektakuläre Aussichten und ist irgendwann auch zu Ende.

Zuletzt mündet der Olavsweg kurz vor Vinstra auf die Straße. Wir lassen zuvor ein paar Bauernhöfe hinter uns. Nun strapaziert uns auf den letzten sechs Kilometern des Tages wieder der Asphalt und es geht dabei stetig bergab. Vinstra liegt wie alle anderen Orte im Gudbrandstal am Fluss. Am Ende des Tages stehen 18,9 Kilometer und mehr als 600 Höhenmeter auf der Uhr. Wir sind also heute zweimal die Treppen des Empire State Buildings hinauf und hinunter gelaufen. Das macht die Strapazen etwas anschaulicher als die nackten Zahlen. Kurz vor Vinstra kommt irgendwann der Moment, an dem für mich die Hälfte der Gesamtstrecke geschafft ist. Nun ist es nicht mehr weit bis zum Dovrefjell. Morgen liegt noch eine letzte

Etappe mit Helene gemeinsam vor mir und dann geht es bald wieder allein weiter. Wir laufen an der langen Hauptstraße in Vinstra entlang und der Weg will einfach kein Ende nehmen. Helene klagt über Schmerzen am Fuß. Ich spüre auch, dass meine Reserven aufgebraucht sind. Es wird Zeit, dass wir ankommen. Um zu unserem Zimmer zu gelangen, müssen wir noch einmal ein Stück den Berg hinauf. Aber auch das schaffen wir und sind dankbar, uns auf das Bett fallenlassen und die Schuhe ausziehen zu können. Sie sind heute auch wieder gut durchfeuchtet. Mit etwas Sorge betrachte ich eine kleine Stelle an der Seite, an der das Material der Schuhe beginnt, dünn zu werden und aufzureißen.

Helene und ich ruhen uns ein paar Minuten aus. Danach stelle ich die Waschmaschine an und wir machen uns noch einmal auf den Weg in den Ort. Wir laufen über den Fluss auf die andere Seite des Städtchens. Dort befindet sich ein neues Gewerbegebiet mit vielen Märkten und auch gastronomischen Einrichtungen. Gemeinsam wollen wir mein Bergfest feiern. Letztendlich landen wir in einer Pizzeria. Wir bestellen unsere Pizzen und lassen sie uns gleich an Ort und Stelle, also draußen vor dem Restaurant, munden. Pizza ist die Leib- und Magenspeise der Norweger. In keinem anderen Land Europas wird so viel Pizza gegessen. Das war mir bis dahin nicht bekannt. Einen kleinen Einkauf im Kiwi Markt lassen wir der Bergfestfeier noch folgen, dann zieht es uns in unser Quartier. Wir sind doch rechtschaffen müde. Helene versorgt noch eine schmerzhafte Blase, die sie sich heute gelaufen hat. Mal schauen, wie sich das morgen früh darstellt. Bis nach Kvam sind es zwar nicht so viele Kilometer, aber vom Höhenprofil her ist die Strecke ähnlich anspruchsvoll wie unsere heutige Tour.

Der Pilgerausweis füllt sich

Nichts für Menschen mit Höhenangst

Kapitel 23

Von Vinstra nach Kvam - Auf geschichtsträchtigen Pfaden unterwegs

21.07.23

Die Nacht war leider sehr unruhig, wir haben beide nicht gut geschlafen. Vielleicht war der Adrenalinpegel nach der schweren Etappe gestern auch einfach zu hoch. Möglicherweise war es aber auch das für unsere Verhältnisse recht späte Abendessen. Wer weiß? Wir halten wieder Pilgerrat und entscheiden uns dafür, mit dem Bus ein kleines Stück in Richtung Kvam zu fahren. So können wir die Strecke zum einen etwas abzukürzen und auch die anstrengenden Höhenmeter zu Beginn der Etappe sparen. Schade, dass ich auf diese Weise nicht an der Giraffenstatue vorbeikommen werde, die in so vielen Büchern erwähnt und beschrieben wird.

Als Pilger muss man manchmal solche Entscheidungen treffen. So haben wir viel Zeit für das Frühstück, denn der Bus fährt relativ spät am Kreisel an der Brücke ab. Die Entscheidung, nicht durch den Wald mit seinen auch heute wieder mehr als 600 Höhenmetern zu laufen, sondern entspannt neben der Straße, hat vor allem mit der schmerzhaften Blase zu tun, die sich meine Pilgerbegleiterin gestern eingefangen hat. Während meine Füße offenbar resistent gegen Blasen sind, scheinen jüngere Menschen eher dazu zu neigen. Nun gut, verstärkend kommt auch noch der zu erwartende Regen dazu, der ganz gewiss auch die Bedingungen im Wald nicht verbessern wird.

Wir fahren also etwa 5-6 Kilometer mit dem Bus, steigen auf offener Strecke an einer Schule aus. Von dort aus laufen wir weiter an der Straße entlang. Es regnet ununterbrochen, aber dank unserer bewährten Regenbekleidung ist das kein Problem. Unterwegs treffen wir viele gut gelaunte Menschen entlang der Straße an.

Das hat mit der "Sykkelsommertour" des norwegischen Fernsehens zu tun. Ein Fahrradkorso fährt durch das Land und das Fernsehen ist live dabei, streamt die Aufnahmen direkt zum Sender und auf die Bildschirme zu Hause. Immer wieder hält der Tross an und es gibt Gespräche und Interviews mit den Menschen an der Strecke. Das scheint in Norwegen eine richtige Sommerattraktion zu sein. Sogar die Laternenmasten sind teilweise geschmückt.

Heute steht wohl die Etappe von Otta nach Ringebu auf dem Programm. Wir laufen den Fahrradfahrern entgegen. Unsere Wanderstrecke ist einfach und unspektakulär. Manchmal gibt es auch Fahrradwege entlang der Straße. So kommen wir sicher und auch recht früh in Kvam an. Die Kirche, deren Turm schon von Weitem zu sehen war, liegt mitten im Dorf. Der Campingplatz ist nicht weit entfernt. Wir checken zunächst ein. Das läuft in Kvam wie so oft in Norwegen auf Vertrauensbasis und mit Selbstbedienung. Ein Briefumschlag mit unserem Namen, dem Schlüssel und einem Brief liegt vor der Tür zur Rezeption. Eines der Pilgerstübchen mit jeweils zwei Doppelstockbetten dürfen wir für diese Nacht beziehen. Toilette und Dusche wird gemeinschaftlich mit den anderen Gästen genutzt.

Wir richten uns in unserem Zimmer ein, duschen beide und machen uns danach auf den Weg zur Kirche. Die ist leider geschlossen, aber den Stempel können wir in unseren Pilgerausweis drücken. Heute Abend bezahlen wir unsere Übernachtung an der Rezeption, dann gibt es auch hier den Stempel. Es soll hier in Kvam ein gemütliches Café geben. Das finden wir auch ein paar hundert Meter weiter an der Hauptstraße. Eine kleine Bäckerei ist es, gemütlich und urig. Wir bestellen Kaffee, Kuchen und Eis, finden noch einen freien Tisch im Nebenraum und genießen die entspannte norwegische Lebensart. Die Fahrradsommertour ist leider schon weitergefahren. Die Durchfahrt durch Kvam haben wir verpasst, als wir auf dem Campingplatz waren. Das ist schade, aber nicht mehr zu ändern.

Nun wollen wir noch schauen, wo sich der Bahnhof genau befindet. Morgen kurz nach 6.00 Uhr fährt Helenes Dovrebahn und die soll sie auf keinen Fall verpassen. Auf dem Weg zum Bahnhof fällt uns eine Gedenkstätte auf. Sie befindet sich gegenüber der Kirche. Hier wird der Opfer des Widerstandes gegen die deutschen Besatzungstruppen zwischen 1940 und 1945 gedacht. Die Namen aller Opfer aus dem Gudbrandstal werden erwähnt und es gibt Hinweisschilder zu einem Museum hier im Ort. Das ist nur wenige Meter von der Gedenkstätte entfernt. Wir besuchen es und sind beeindruckt von diesem besonderen Ort. Natürlich ist es für uns als Deutsche mit besonderen Gedanken und Gefühlen behaftet, durch die

Ausstellung zu gehen. Unvorstellbar, welches Leid damals den Einheimischen angetan wurde.

Nach einer knappen Stunde verlassen wir doch sichtlich bewegt diese eindrucksvolle Ausstellung. Wir können sie jedem Pilger nur wärmstens ans Herz legen. Der Bahnhof befindet sich noch ein paar hundert Meter weiter südlich und wir sind dankbar für die nur wenigen Minuten, die wir morgen bis zum Bahnhof laufen müssen. Im Supermarkt kaufen wir noch ein paar Zutaten für unser heutiges Abendessen und dann geht es zurück durch den inzwischen einsetzenden Regen in unser Quartier auf dem Campingplatz. Der hat sich mittlerweile gut gefüllt. Nicht nur die größeren Hütten, auch die Pilgerstübchen sind wohl alle bewohnt. Wir kochen uns unser Abendessen in der großen Gemeinschaftsküche und packen noch einmal unsere Rucksäcke um. Helene nimmt die Campingausrüstung wieder mit. In das Fjell will ich die nicht mitnehmen. Das ist einfach zu viel Gewicht. Ich schaue auch, was darüber hinaus entbehrlich ist und gebe Helene noch etwas von meinem Ballast mit. Ihrer Blase am Fuß geht es schon wieder etwas besser, sie ist gut abgeklebt und wird in den nächsten Tagen sicher verheilen.

Kapitel 24

Von Kvam zum Raftingcenter Varphaugen -
Dem Troll auf der Spur

22.07.23

Ich springe als Erster aus dem Bett. Viel ist nicht zu tun so früh am Morgen. Wir ziehen uns an und schmieren noch ein paar Brote für den Reiseproviant. Es sind nur zweieinhalb Stunden mit der Dovrebahn bis zum Flughafen in Oslo. Dann hat Helene dort etliche Stunden Zeit, um einzuchecken. Das wird sie schon schaffen. Verpflegung gibt es am Gate auch, also brauchen wir keinen Stress zu machen. Ihr Rucksack ist sehr schwer mit den ganzen Campingutensilien. Aber sie muss ihn ja heute nicht zwanzig Kilometer tragen. Wir sind allein so früh am Morgen auf dem kleinen Bahnhof in Kvam. Es gibt hier nur ein Gleis. Der Zug ist fast auf die Minute pünktlich und kommt nahezu geräuschlos angefahren. Wir nehmen Abschied voneinander. Knapp 100 Kilometer sind wir in den letzten sechs Tagen miteinander unterwegs gewesen. Wir haben viele intensive Gespräche geführt, hatten viel Spaß und haben uns immer wieder motiviert und bestärkt. Für mich war es schön, durchs Gudbrandstal nicht allein gegangen zu sein. Die Strecken sind doch sehr anspruchsvoll und zu zweit macht es einfach mehr Spaß als allein. Manchmal hat sich Helene gefragt, warum sie sich diese Schinderei antut. Ich habe die Hoffnung, dass sie eines Tages diese Wanderung fortsetzt und auch in Trondheim ankommen wird. Es ist kurz nach sechs Uhr, als der Zug genauso geräuschlos den Bahnhof verlässt, wie er gekommen ist. Ich laufe zum Campingplatz zurück und lege mich für ein Stündchen noch einmal ins Bett. Heute steht für mich eine nicht so lange Strecke auf dem Plan. Da muss ich nicht schon um sieben starten. In aller Ruhe packe ich mein Ränzchen und mache mich gegen 8.30 Uhr auf den Weg.

Mein Ziel ist heute Varphaugen Gard, ein ehemaliger Bauernhof, nun Campingplatz und Pilgerherberge mit einem Raftingcenter dabei. Der Gudbrandsdalslagen hat teilweise kräftige Wildwasserpassagen. So gibt es verschiedene Anbieter für den Raftingsport am Fluss. Ich habe dort eine Pilgerunterkunft gebucht und bin schon gespannt, was mich erwartet. In den letzten Tagen hatte ich mit Conny und Annett Kontakt. Die beiden, eine Kollegin und ihre Freundin, machen Urlaub im Rondane Nationalpark, der nur eine halbe Autostunde entfernt ist. Sie wollen mich gern besuchen. Vielleicht treffen wir uns in Varphaugen. Zunächst einmal muss ich wieder meinen Rhythmus finden. Ich beginne langsam und laufe in Kvam in Richtung Ortsausgang. Die Straße bietet heute eine Alternative zu dem mit vielen Steigungen gespickten Weg im Wald.

Ich entscheide mich dafür und wähle diese alternative Route. Zu sehr stecken mir noch die Anstrengungen der letzten Tage in den Knochen. Es hat viel geregnet und ich will es einfach nicht wagen, bei den so feuchten Bedingungen allein im Wald unterwegs zu sein. Wieder gestaltet sich diese kurze Etappe von nur 12 Kilometern als relativ einfach. Dennoch ermüdet der Asphalt sehr. Es gibt keine Möglichkeit, sich einmal irgendwo entspannt hinzusetzen. Glücklicherweise herrscht so gut wie kein Verkehr auf dieser alten ehemaligen E6. Die heutige E6 wird in diesem Bereich des Tales fast ausnahmslos durch Tunnel und kleine neue Wegabschnitte unter freiem Himmel geführt. Nur hin und wieder höre ich etwas von ihr.

Heute bleibe ich bei meinem gewohnten Takt und pausiere immer nach etwa vier Kilometern. Immer wieder einmal kommen mir Fahrradurlauber entgegen oder überholen mich. Einer hält sofort an, nachdem er mich erspäht hat. Ein Norweger, der inzwischen in Thailand zu Hause ist und im Moment hier im Lande weilt, um seine kranke Mutter zu betreuen, die mittlerweile aber verstorben ist. So jedenfalls habe ich seine Geschichte verstanden. Der junge Mann ist mit Fahrrad und Anhänger unterwegs nach Oslo zum Flughafen. Er fragt mich nach meinen Plänen als Pilger und erzählt mir, dass er auch praktizierender Christ sei und selbst eine Handyapp mit Bibeltexten geschrieben habe. Er stammt wohl aus der IT-Branche und verdient dort sein Geld. Wir verabschieden uns freundlich, wünschen uns Gottes Segen für unseren Weg und jeder macht sich in seine Richtung auf.

So gibt es fast an jedem Tag Menschen, denen ich begegne und die mir ein Stück ihrer Geschichte erzählen. Ich habe mich in diesem Fall mal als Pfarrer geoutet. Sonst mache ich das nicht so gern, jedenfalls nicht sofort, weil mein Gegenüber meist entweder in den Verteidigungsmodus schaltet „Ich bin ja kein Kirchgänger, aber…" oder ich sofort eine Seelsorgeanfrage auf dem Tisch habe. Dann werden schnell alle möglichen Probleme vor mir ausgebreitet. Beides möchte ich hier nicht so gern. Ich möchte doch gern bei mir und meinem inneren und äußeren Weg bleiben. Nach dieser Begegnung sind es nur noch ein paar Kilometer bis zur Ortschaft Sjoa.

Hier gibt es eine Tankstelle mit Shop. An dem kleinen Laden finde ich eine erste Bank am heutigen Tag und nehme sie sofort in Beschlag. Ein paar Minuten der Ruhe gönne ich mir. Der kleine Shop an der Tankstelle entpuppt sich als ausgewachsener Supermarkt. Ich spendiere mir zunächst einen Kaffee und ein Eis. Damit setze ich mich zunächst wieder auf meine Bank. Heute bin ich früh dran und habe keine Eile. Neben der Tankstelle gibt es riesige große Holzskulpturen, einen Elch, irgendwelche Troll-Figuren und neben dem dazu gehörenden Imbissstand eine ganze Reihe von Sitzmöglichkeiten. Es ist doch immer wieder schön zu erleben, dass es uns Pilgern im Grunde doch an nichts fehlt.

Ich fülle meine Trinkflaschen auf und starte zum letzten Tagesabschnitt bis Varphaugen Gard. Der führt nun doch an der richtigen E6 entlang. Es ist mir auf der Innenseite der Leitplanke zu gefährlich. So laufe ich außerhalb der Leitplanke durchs hohe Gras. Das ist zwar sehr nass, ich fühle mich aber bedeutend sicherer. Knapp 6 Kilometer, also eineinhalb Stunden bin ich noch einmal an der Straße unterwegs. Am frühen Nachmittag komme ich auf dem Campingplatz an, dem man seine Vergangenheit als Bauernhof noch ansieht. Ich bekomme im alten Stallgebäude ein Zimmer mit Kühlschrank. Nichts Besonderes, aber für die eine Nacht wird es reichen.

Mittlerweile haben sich Annett und Conny gemeldet. Sie werden heute gegen Abend noch vorbeikommen. Bis dahin erhole ich mich etwas von der doch anstrengenden ersten

Soloetappe nach einer Woche. Ich erkunde den Campingplatz und das Rezeptionsgebäude mit seiner sehr schönen Holzterrasse mit Blick auf den Raftingfluss. Eine Kindergruppe wird gerade für einen Ausflug mit den notwendigen Neoprenanzügen ausstaffiert.

An der Rezeption treffe ich auf Simone und Gerd. Die beiden Leipziger kenne ich noch vom Pilgerzentrum Dale Gudbrand. Sie überlegen, ob sie auch hierbleiben, entscheiden sich aber dann doch dafür, heute im Zelt zu übernachten und schon ein Stück der morgigen Etappe in Angriff zu nehmen. Wir verabschieden uns voneinander und werden uns wohl morgen wiedersehen. Ich lasse mir an der Rezeption einen Kaffee brühen und genieße das sonnige Wetter.

Am Abend kommt mein Besuch tatsächlich. Es gibt ein fröhliches Hallo. Conny ist norwegenerfahren, hat hier studiert und viele Jahre ihren Urlaub hier verbracht. Sie spricht fließend norwegisch und hat mir auch im Vorfeld den einen oder anderen guten Tipp gegeben. Wir setzen uns auf die Terrasse und haben uns eine Menge zu erzählen. So klingt der Abend in guter Weise aus. Ich werde von den beiden noch mit ein paar Köstlichkeiten ausgestattet. Wir verabschieden uns mit guten Wünschen wieder voneinander. Anschließend bereite ich mich noch etwas auf meine morgige und die nächsten Etappen vor. Jetzt bin ich wieder im Rhythmus meines Pilgerführers. Die morgige Etappe ist laut Pilgerführer die Etappe 19. Ich bin bei Etappe 22 und trete morgen die 23. Etappe an. Da bin ich also nur vier Etappen hinterher und schon bei Kilometer 355. Also alles ist im Plan. Die angepeilten 35-40 Tage für die gesamte Strecke werde ich schaffen können. Morgen werde ich die vorgegebene Etappe bis zum Mittelaltercenter Jorundgard laufen, knapp 23 Kilometer laut Pilgerführer. Vielleicht sind es bei mir ein paar hundert Meter weniger, denn ich spare mir den Berg gleich zu Beginn und bleibe die ersten vier Kilometer an der Straße.

Wieder allein unterwegs

Kapitel 25

Vom Raftingcenter Varphaugen ins Middelaltercenter
Jorundgard - Gute Nacht im Wikingerbett

23.07.23

Die Nacht war in meinem großzügigen Doppelbett im Raftingcenter sehr erholsam. Ich habe gut geschlafen und freue mich
auf das Frühstück. Das habe ich mit gebucht, denn hier ergibt
sich die Möglichkeit, gleich auch noch ein Lunchpaket zu
schnüren. Das Buffet ist reichlich. Ich treffe auf alte Bekannte,
denn Frauke und Jan sitzen schon am Tisch. Auf die Beiden
sind wir erstmals auf dem Campingplatz in Mageli und später
im Pilgerzentrum Dale Gudbrand gestoßen. Sie haben in dieser Nacht auf dem Campingplatz in ihrem Zelt geschlafen.
Beide erkundigen sich nach Helene und sind erstaunt, dass
sie schon wieder zu Hause ist. Wir kommen beim Frühstück
gut ins Gespräch. Frauke und Jan machen wie ich beruflich
gerade eine Auszeit, waren auch schon in Australien und Is-
rael wandernd unterwegs. Sie sind super ausgestattet mit
leichtem Equipment. Trotz Campingausrüstung sind sie wesentlich leichter unterwegs als ich.
Nach dem Frühstück bin ich schnell startklar und mache mich
vor den beiden auf den Weg. Schön ist es, jetzt so schnell
doch wieder neue Pilger und alte Bekannte getroffen zu haben, miteinander im Gespräch zu sein und den einen oder anderen Kilometer gemeinsam zu gehen. Heute bin ich so früh

am Morgen wieder allein unterwegs und genieße das auf der Strecke auch ein bisschen. Ich habe das Gefühl, jetzt als Pilger so richtig angekommen zu sein. Ein innerer Friede hat von mir Besitz ergriffen, wie ich ihn lange nicht gekannt habe. Ich bin ganz im Hier und Jetzt, grübele wenig über meine beruflichen Aufgaben nach. Ich habe das Ziel meiner Pilgerschaft vor Augen und staune selbst, dass ich überhaupt keine Probleme damit habe, mich jeden Tag für meine bevorstehende Wanderschaft zu motivieren. Ich habe das Gefühl, gut bei mir angekommen zu sein. Na gut, ich erspare mir dort, wo es möglich ist, die für mich wirklich harten steilen Meter nach oben, aber das Laufen als solches macht mir überhaupt nichts aus. Im Gegenteil, ich fühle mich gut und spüre auch, wie ich immer besser mit der Belastung zurechtkomme. Der Weg verläuft heute bis zur Sel Kirke, also etwa zur Hälfte der Etappe, an der Straße entlang. Das erste Stück hat leider keinen Fuß- und Radweg, deshalb steige ich lieber wieder über die Leitplanke. Bald lädt aber ein separater Asphaltweg neben der Straße dazu ein, auf diese doch wesentlich sicherere Weise unterwegs zu sein.

Heute laufe ich über weite Strecken am Lagen entlang, dem Fluss, der durch das ganze Tal hindurchfließt. Erst ist er noch sehr seeartig, doch je näher ich in Richtung Otta komme, umso schmaler und wilder wird er. Sehr schön ist die letzte Strecke direkt vor Otta, hier führt der Weg von einer kleinen Birkenallee begleitet direkt am Flussufer entlang.

In Otta mündet der gleichnamige Fluss in den Lagen. Die Otta wird durch Gletscherwasser aus dem Jotunheimen National-park und seinem Gletscher gespeist. Das türkis gefärbte

Wasser mischt sich in Otta mit dem glasklaren Gebirgsquell-
wasser aus dem Gudbrandsdalslagen. Interessant ist am Zu-
sammenfluss beider Flüsse die Farbkante, die genau in der
Mitte des Flusses zu erkennen ist. Weiter flussabwärts ver-
mischt sich das Wasser beider Flüsse und färbt den Lagen
leicht türkis. In Otta mache ich zunächst auf der Fußgänger-
brücke eine längere Pause. Meine Füße sind dankbar für die
Erholung. Die letzten Kilometer haben doch wieder etwas ge-
schlaucht. Großartige Sitzgelegenheiten gibt es auf der Brücke, wieder einmal eine prima Idee der Architekten. Sie laden
ein, hier zu verweilen. Es ist Sonntag und dennoch haben
viele Geschäfte heute geöffnet. Eigentlich ist das in Norwegen nicht üblich, aber in den touristischen Ballungszentren ist
das durchaus möglich, zumindest bei Lebensmittelmärkten.
In Otta befindet sich der letzte Geldautomat vor dem Dovrefjell. Noch ein Grund mehr, hier Station zu machen. Nach
meiner Pause suche ich zuerst den Geldautomaten auf. Ihn
kenne ich schon von meiner Herfahrt und auch den benachbarten Supermarkt. In der Grabbelkiste mit den herunterge-
setzten Lebensmitteln finde ich drei Tafeln Kvik Schokolade.
Zwei Äpfel und eine Packung meiner Lieblingslakritze wandern in den Einkaufskorb. Dann geht es zur Kasse. Zu viel Ballast will ich nicht mitnehmen.
Vom Einkaufsmarkt wandere ich direkt zurück zur E6 und auf
den weiteren Wegabschnitt bis zur Sel Kirche. Gut fünf Kilometer muss ich zurücklegen, bis ich ihren spitzen Turm erbli-
cke. Irgendwie ähneln sich viele Kirchen, beziehungsweise
lassen sich die Bauweisen auf einige wenige Formen reduzie-
ren. Auch diese Kirche ist sehr gut gepflegt, aber leider

verschlossen. So bleibt nur der Blick ins Gästebuch und die Suche nach dem Pilgerstempel. Gerd und Simone waren heute schon hier. Sie sind mir also ein Stück vor mir unterwegs. Aber das war ja vorauszusehen.

Ich mache im Schatten der Bäume wieder eine längere Pause, fotografiere den Meilenstein, der sich am Weg befindet. 284 Kilometer sind es noch bis Nidaros. Nun steht vorn also schon eine zwei. Langsam kommt das Ziel immer mehr in den Blick. Ich sehe von Weitem bald Jan und Frauke kommen. Sie gesellen sich zu mir. Wir berichten uns kurz gegenseitig, wie es uns ergangen ist. Sie sind den Weg zu Beginn über den Berg gegangen und so kam auch der zeitliche Abstand zu mir zustande. Ich mache mich bald wieder auf den Weg, die beiden bleiben noch etwas.

Der Weg führt uns Pilger nun endlich etwas weg von der E6 an einen Forellen- und Lachsfluss. Hier ist eine Fliegenfischerstrecke ausgeschildert und ich treffe auch mehrere Fliegenfischer an, die vom großen Fang träumen. Ich beobachte sie ein wenig, aber ihnen ist wohler, wenn sie allein sind, denn die Fische sind sehr scheu und misstrauisch. Inzwischen brennt die Sonne wieder mächtig. Ich bin schon eine gute Stunde unterwegs und hätte gegen eine Bank nichts einzuwenden. Aber auf diesem Wegabschnitt gibt es keine. So setze ich mich in den Schatten einer Feldscheune und genehmige mir zu nachmittäglicher Stunde mein Lunchpaket. Das mundet köstlich. Ich bleibe noch ein Weilchen sitzen. Jan und Frauke tauchen auf, winken und überholen mich wieder. Bald darauf mache auch ich mich auf den Weg. Noch gut fünf Kilometer liegen vor mir. Erst brennt die Sonne unbarmherzig in den Nacken. Wenig später donnert ein schwerer Schauer über uns hinweg. In diesem Moment ziehe ich wieder an den beiden Bayern vorbei. Frauke und Jan ziehen ihre Regenklamotten an. Ich flüchte mich in ein Pumpenhäuschen, das dort am Wegesrand steht, und nur mit einem Riegel verschlossen ist. Nach 15 Minuten ist der Spuk vorbei und es kann weitergehen. Nach etlichen Minuten komme ich endlich am Mittelaltercenter an. Hier scheint eine holländische Jugendgruppe die Anlage zu bevölkern. Aber sie übernachten in Zelten und sind somit keine Konkurrenz um einen Schlafplatz für uns.

Das Mittelalterzentrum war einst eine Filmkulisse. Hier wurde der zweite Teil einer Norwegen Saga gedreht, die sich um Christin Lavransdotter rankt. Diese Saga erzählt viel über das Leben in Norwegen im frühen Mittelalter. Das ehemalige Filmset besteht aus insgesamt 16 Häusern und wurde 1994 gebaut. Die Stabkirche, die etwas außerhalb des Gebäudekomplexes steht, wurde für die Filmarbeiten laut Drehbuch abgebrannt. Später hat man eine Kopie der Kirche neu errichtet.

Einige der Gebäude werden nun für die Pilger als Übernachtungsmöglichkeit genutzt. Bis vor einiger Zeit gab es keinerlei Infrastruktur, also keinen Strom, kein Wasser, keine Duschen oder WCs. Das ist heute offensichtlich anders. Ein Duschcontainer steht am Rand des Areals, eine gut ausgestattete Küche gibt es ebenfalls und in unserem Übernachtungsdomizil brennt sogar Licht. Eine Steckdose finde ich auch. So richten wir uns ein. Ich bin allein im Obergeschoss. Gerd und Simone schlafen auf Campingliegen im Raum unter mir. Jan und Frauke bauen ihr Zelt auf, müssen es dann doch noch einmal abbauen und versetzen, denn es steht innerhalb des Bereiches, der vom Mähroboter regelmäßig gemäht wird. Das könnte gefährlich werden. Der Roboter nimmt auf Pilger keine Rücksicht. Die Wikingerbetten in meinem Schlafsaal sind etwas kurz, aber dafür breit. Diagonal hingelegt kann ich mich sogar ausstrecken. Das wird schon für eine Nacht gehen. Die Rosshaardecken auf den rustikalen Matratzen lassen mich doch ein wenig erschauern und meine Angst vor Bettwanzen ist mit Händen zu greifen. Nachdem ich mich geduscht habe, koche ich eine meiner verbliebenen Tütensuppen und esse dazu ein trockenes Brötchen von vor zwei Tagen. Als Pilger lernt man, sich mit dem spartanischen Leben auch essensmäßig anzufreunden. Früh ruft das Bett. Ich höre von unten bald diverse Schnarchgeräusche und lasse mich von ihnen in einen erholsamen Schlaf geleiten.

Stabkirche im Vikingerdorf Jorundgard

Kapitel 26

Vom Jorundgard Mittelaltercenter nach Vollheim –
Über die Gleise hinweg

24.07.23

Bei den nächsten Etappen heißt es im Gegensatz zum Pilgerführer wieder: Aus zwei mach drei! Die Herberge Engelshus,
die planmäßig heute angesteuert werden sollte, gibt es nicht
mehr. Das ist sehr schade, denn sie war eine der Perlen auf
dem Olavsweg. Alle schriftstellernden Pilger schwärmen in ihren Büchern von dieser Herberge. Sie ist wohl auch Corona
zum Opfer gefallen. So muss ich die Etappe abkürzen und
werde heute in Vollheim auf dem Campingplatz übernachten.
Die Hütte dort habe ich noch rechtzeitig buchen können und
bin also ganz gelassen unterwegs. Ich weiß ja, wohin ich mein
müdes Haupt heute betten kann.
Der Abschied nach dem Frühstück fällt nicht schwer, die
Nacht wurde leider einmal durch die holländische Jugendgruppe unterbrochen, die mitten in der Nacht mit ihren Klein-
bussen gestartet ist und diesen Start mit einem lauten Fuß-
ballspiel direkt neben meinem Nachtlager eingeläutet hat.
Sei's drum, es geht dennoch motiviert und einigermaßen aus-
geschlafen auf die wieder nicht allzu lange Strecke von gut 13
Kilometern. Mein Frühstück besteht aus den Resten des
Lunchpaketes vom Vortag und einem Cappuccino. Manchmal
reicht auch einfach. Heute habe ich eine spannende Tour vor

mir. Im Pilgerführer vom Outdoorverlag wird die Etappe in Richtung Vollheim wie folgt beschrieben: „Abenteuerliche Pfade! Nachdem Sie Nord-Sel hinter sich gelassen haben, geht es zwischen die Bäume: Entlang abfallender Hänge oberhalb des rauschenden Lågens, auf ungewöhnlichen Wegen über Zugtunnel und Bahngleise hinweg und auf abenteuerlichen Treppen hinab. Langeweile Fehlanzeige!"

Ich bin gespannt, was mich nach der Nord Sel Kirche erwarten wird. Die Kirche liegt ganz am Anfang meines heutigen Weges. Nach nur etwa einem Kilometer erreiche ich sie. Vor dem Friedhofsgelände erinnert eine hübsche Skulptur an Kristin Lavransdotter und das Norwegenepos von Sigrid Undset. Die Kirche selbst liegt ein wenig auf dem Berg, ist aber leider verschlossen. Sie wird wohl erst später am Tag geöffnet. Auf dem Friedhof fällt eine englische Fahne auf, die im Wind weht. Sie weist auf ein sehr schön angelegtes und gepflegtes Feld mit ungefähr 30 Kriegsgräbern hin. Hier wurden englische Soldaten beerdigt, die im Kampf gegen die deutschen Besatzer nach 1940 gefallen sind. Ein weiteres Zeugnis dieser furchtbaren Jahre damals. Nach einem Moment der Besinnung verlasse ich den Friedhof und laufe ein Stück an ihm entlang. Ein paar Minuten später führt der Weg in den Wald. Es hat heute Nacht noch einmal stark geregnet. Teilweise ist aus dem Olavsweg ein Olavsbach geworden. Das Wasser läuft mir an manchen Stellen in Sturzbächen nur so entgegen. Nach dem Bach beginnt eine anstrengende Kraxelei über Felsen, Stock und Stein. Manchmal ist das echt grenzwertig. Nicht nur der Boden ist sehr glatt. Ohne meine Wanderstöcke wäre es mir hier zu gefährlich. Die Pfade sind schmal, schräg am Abgrund

und sie fordern meine absolute Aufmerksamkeit. Jeder falsche Tritt kann fatal enden. Plötzlich stehe ich vor einem großen Warnschild. Eine Eisenbahnlinie führt an der Strecke entlang und ich werde vor dem Betreten der Gleise gewarnt. Die Olavswegstrecke führt über den Eisenbahntunnel hinweg. Mit einigen Treppenstufen erklimme ich die entsprechende Höhe. Gar nicht so einfach mit dem schweren Rucksack. Auf der anderen Seite geht es jenseits des Eisenbahntunnels wieder auf steilen Treppenstufen hinab. Das laute Getose eines Wasserfalles in unmittelbarer Nähe dominiert diesen Abschnitt. Eindrucksvoll stürzt sich das Wasser hier schätzungsweise 30 bis 40 Meter an der Felswand hinab. Ich schieße ein paar Fotos, auch von der Eisenbahnstrecke, die nach einer Kurve wieder in einen Tunnel mündet. Nun überquere ich erneut eine Zauntreppe und habe die Kraxelstrecke offenbar geschafft, denn ein breiter Waldweg führt nun steil nach oben. Das ist wieder mit vielen Verschnaufpausen verbunden, der Blick in den Canyon unter mir erinnert an frühere Filme mit Winnetou und Old Shatterhand. Viel Zeit, das zu genießen, bleibt mir nicht, denn die im Wald recht zahlreichen Mücken fangen an, mich zu piesacken. So bleibe ich in Bewegung, langsam, aber stetig. Auch dieser Anstieg, der manchmal steil und manchmal moderat ist, hat irgendwann ein Ende. An diesem Ende, nämlich oben auf dem Berg, haben mitfühlende Menschen eine Pilgerbank aufgestellt, die nun für mich genau zur rechten Zeit kommt.

Ich setze den Rucksack ab und schnaufe ersteinmal durch. Ein Müsliriegel versorgt mich mit frischer Energie. Einen kleinen Blaubeer-Vitamincocktail sammele ich mir auch noch. Es

gibt außerdem unendlich viele Pilze hier. Rotkappen, Stein-
pilze, Maronen, dazu viele, die ich nicht kenne. Es ist noch
früh am Vormittag, ich liege sehr gut in der Zeit. Deshalb habe
ich keinerlei Grund zur Eile. Von dem heutigen „Berggipfel"
führt der Weg fast nur noch abwärts. Erst geht es weiter im
Wald, nach einem erneuten, aber kurzen Anstieg mündet der
Pfad auf eine Schotterstraße, die hinab ins Tal zur E6 führt.
Eine Pilger - Infobox auf dem Weg hat noch ein paar Telefon-
nummern und wichtige Daten parat sowie auch einen alternativen Streckenverlauf für das letzte Teilstück des Tages.

Das schaute ich mir genauer an, denn mein linkes Knie hat
unter der Kraxelei nun doch ein bisschen zu viel gelitten und
lechzt nach Entlastung. So nutze ich den alternativen (und alten) Streckenverlauf über einige Feldwege auf der anderen
Seite des Flusses. Es sind von hier aus drei Kilometer auf
Schotterstraßen bis zum Campingplatz. Der liegt zwar direkt
an der E6, scheint aber doch ein Nischendasein zu führen,
denn er ist kaum belegt, obwohl die Hochsaison bereits begonnen hat. Der Platz wird von einer aus Holland stammen-
den Familie geführt. Sie sprechen gut deutsch und so gibt es
sprachlich keine Probleme. Im Minishop in der Anmeldung
bekomme ich noch ein paar Kleinigkeiten für das morgige
Frühstück. Nun bin ich für den restlichen Tag mit der großen
Wäsche ausgelastet.

Diese Routine hat sich inzwischen auch bewährt. Alle zwei
Tage muss ich spätestens Hosenbeine, Strümpfe und T-Shirts
waschen, sonst kann ich mich selbst nicht mehr ertragen.
Aber dank der universell einsetzbaren Seife von Dr. Bronner
mit zartem Zitronenduft, ist das alles kein Problem.

Problematisch wird es heute, als es irgendwann wieder kräftig beginnt zu schütten. Ich weiß nun nicht so recht, wie ich die Wäsche wieder trocken bekommen soll. Die Heizung in der Hütte stelle ich auf volle Kraft und heize so die ganze Nacht durch, in der Hoffnung, dass morgen alles trocken ist. Langsam schlägt der Regen auf das Gemüt. Gut, dass mir durch die fast täglichen Nachrichten und Telefonate mit den Lieben zu Hause immer wieder auch ein kleiner Motivationsschub geschenkt wird.

Am späten Nachmittag kommen auch Gerd und Simone, die Leipziger, auf dem Campingplatz an und entscheiden sich bei den Wetteraussichten für eine Hütte, die allerdings etwas entfernt oben auf dem Hang liegt. So laufen wir uns heute nicht noch einmal über den Weg. Das Regengeräusch auf dem Hüttendach begleitet mich die ganze Nacht hindurch und so richtig finde ich nicht in den Schlaf. Hoffentlich wird es morgen besser.

Wunderbarer Pfad im Wald

Die Pilgerbank am rechten Ort

Kapitel 27

Von Vollheim auf den Pilgerhof Budjord –
Der Regen hat mich wieder

25.07.23

Der heutige Tag ist der erste mit richtigem Mistwetter von Anfang an. Es fing bereits gestern Abend an zu regnen und hörte die ganze Nacht nicht auf. Mal stärker, mal weniger stark, prasselte der Regen bis heute Mittag aufs Hüttendach. Unter diesen Umständen muss wieder eine Entscheidung getroffen werden. Ich will auf keinen Fall morgen mit nassen Klamotten und Schuhen in das Fjell aufsteigen. Eine durchgreifende Wetterbesserung ist heute nicht in Sicht. Da sich die Hybridetappen bisher bewährt hatten, wähle ich auch heute diese Option und starte erst um 12.40 Uhr mit dem Bus vom Campingplatz nach Dovre. Die ersten 10 Kilometer sind also in 20 Minuten trocken und ohne Anstrengung absolviert. Direkt an der Bushaltestelle in Dovre liegt der Coop-Supermarkt, den ich in Ermangelung an Snacks und „Stimmungsaufhellern" aufsuchen muss. Gerd und Simone legen gleich einen ganzen Ruhetag ein. Sie kommen noch mit zum Einkaufen, aber dann trennen sich unsere Wege. Mal schauen, ob wir uns noch einmal auf dem Weg wiedersehen.

Nach erfolgreichem Einkauf breche ich auf in Richtung Pilgerhof Budsjord. Mein heutiges Quartier befindet sich in einem uralten Bauernhof. Gleich nach 400 Metern gibt es den ersten

Stop an der Dovre Kirke. Die öffnet leider erst um 14.00 Uhr ihre Pforten. So bleibt es beim Stempeleintrag, dem Foto am Meilenstein (250 km til Nidaros) und einem Kirchenfoto. Die Kirche ist von außen mit riesigen Schieferplatten abgedeckt, ansonsten aber komplett aus Holz gebaut. Auf dem Rückweg werde ich versuchen, hier nachmittags aufzuschlagen, um die Kirche auch innen zu besichtigen und zu fotografieren. Von der Kirche an verläuft der Weg wieder als kräftiger Anstieg. Hier beginnt im Grunde genommen schon der lange Weg hinauf in das Dovrefjell. Das Gewicht der gerade erworbenen Nüsse, Schokolade und Riegel ist auf dem Rücken deutlich spürbar. Aber was hilft es, was sein muss, muss sein.

Ich mache eine kurze Pause an der direkt am Weg liegenden Olavsquelle. Sie ist eine von vielen ihrer Art am Wege, an denen sich die Pilger seit Jahrhunderten laben. Der Trunk des frischen Quellwassers soll für den beschwerlichen Aufstieg nach Fokstugu Kraft verleihen. Meine Flaschen habe ich gerade am Friedhof neu gefüllt und so werde ich ohne die Kräfte des Olavsquellwassers den Aufstieg angehen müssen. Die Olavswegzeichen führen mich weiter ein paar Kilometer an der Straße entlang, bis der Weg nach rechts abzweigt, um für die letzten 600 Meter noch einmal richtig steil anzusteigen. Nach einigen Minuten ist es geschafft und ich kann den ersten Blick auf diese urige Herberge werfen. Ein alter, aus dem Mittelalter stammender Bauernhof, wurde hier zur Pilgerherberge umgebaut. In den kleinen Hütten auf dem Hof gibt es unterschiedlich gut ausgestattete Unterkünfte. Ich habe eine Unterkunft der Kategorie 1 gebucht, also die „arme Leute Variante". Entsprechend spartanisch ist die Schlafgelegenheit, die mir zugewiesen wird. Wie im Stall von Bethlehem fühle ich mich, es zieht wie Hechtsuppe durch alle Ritzen. Hier mag wohl in früherer Zeit ein Ochse oder ein Esel seinen Platz gehabt haben.

Ich richte mich ein und bereite meine Schlafstatt vor. Nun ist aber noch viel Zeit bis zum Abendessen. So setze ich mich erst einmal in den Aufenthaltsraum für die Pilger, der ganz gemütlich eingerichtet ist. Ich melde mich zum Dinner an, entscheide mich auch aus Kostengründen für die Pilgersuppenvariante und gegen das Drei - Gänge - Menü. Es sind anscheinend eine ganze Reihe Pilger heute hier. Einige sind neu dabei und starten morgen von hier aus ihren Pilgerweg. Dovre scheint ein beliebter Startort zu sein, vor allem für im Pilgerreisebüro gebuchte Reisen. Eine junge Holländerin und Annette, die aus Südhessen stammt, steigen erst morgen ein in ihre Pilgerwanderung nach Nidaros. Beim Kaffee gesellt sich ein großgewachsener Endfünfziger zu mir.

Es ist Peter. Er stammt auch aus Deutschland und wir kommen schnell ins Gespräch. Er ist in Hamar gestartet und hat heute eine längere Etappe absolviert. Während wir so miteinander reden, beschleicht mich der leise Verdacht, ob er nicht auch aus meiner Zunft stammen könnte. Wir vermeiden es aber beide, einander nach dem Beruf zu fragen. Beim Abendessen sitzen wir in großer Runde zusammen. Zwei Franzosen, zwei Schweden, wir drei Deutsche und Marike, die junge Holländerin. Wir sprechen über unseren Weg bis hierher und über das, was wir uns von unserem Olavswegerlebnis erhoffen. Es ist spannend zu erfahren, wie vielfältig die

Motive sind, die Menschen dazu bewegen, sich auf einen Pilgerweg zu begeben.

Die meisten aus der Runde sind Wiederholungstäter und haben schon die eine oder andere Pilgererfahrung. Ich gehöre zu den wenigen Greenhorns in der Runde. Aber inzwischen liegen auch schon vier Wochen hinter mir. So ganz ohne Pilgererfahrung bin ich also auch nicht mehr. Wir machen uns gegenseitig Mut für den morgen anstehenden schwersten Abschnitt auf dem gesamten Olavsweg und verabschieden uns zu später Stunde. Ich vereinbare mit der Pilgerherberge noch einen Gepäcktransport für morgen, denn ich möchte den Weg in das Fjell nicht mit meinem schweren Rucksack gehen müssen. Die dreißig Euro dafür finde ich gut investiert. Eine nette Mitarbeiterin sagt mir den Transport zu und so kann ich mein zugiges Nachquartier beziehen.

In meinem Stallgebäude befinden sich mehrere Schlafnischen. Ich bin allein hier und habe im Grunde die Ungemütlichste von allen zugewiesen bekommen. Es ist schon nach zwanzig Uhr. Heute wird wohl niemand mehr kommen, denke ich. Also ziehe ich kurzentschlossen um in eine andere Ecke des Stalles. Sie ist durch dicke Leinentücher von meiner ursprünglichen Schlafecke abgetrennt und hat einen separaten Eingang, der auch verschließbar ist. Zwei Betten stehen hier mit einem Mittelgang nebeneinander vor einem kleinen Fenster. Es ist hier wesentlich gemütlicher als in meiner bisherigen Ecke. Hier bleibe ich und richte mich ein, lese noch ein bisschen und versuche zu schlafen. Plötzlich regt sich etwas, Stimmen sind zu hören und an meiner Tür ruckelt jemand. Die ist aber von innen verriegelt. Kurze Zeit später wird die Tür zum Nebenabteil geöffnet und ich höre eine Stimme. Sie gehört zu einer deutschen Pilgerin, die gerade mit ihrem Beaglerüden hier angekommen ist. Es tut mir fast ein bisschen leid, aber ich lasse es dabei und bleibe in meiner gemütlichen Ecke. Sie verlässt das Gebäude sofort wieder, weil sie noch die Pilgersuppe essen möchte, die die freundlichen Leute für sie warmgehalten haben.

Erst am Morgen machen wir uns miteinander bekannt. Sie erzählt, dass sie bei der Bundeswehr beschäftigt ist, in Belgien lebt und stationiert ist. Sie ist eine von mehreren Pilgern mit Hund, die ich getroffen habe. Von der Zahl der zurückgelegten Kilometer her bin ich inzwischen bei knapp 400 gelandet. Also noch etwas weniger als 250 Kilometer liegen vor mir. Der Meilenstein mit dieser Kilometerzahl stand an der Kirche in Dovre.

Kirche in Dovre

Mein Zuhause für eine Nacht

Herrlich rustikal...

Kapitel 28

Vom Budjordhof nach Fokstugu – Bergan in das Fjell

26.07.23

Nach der etwas unruhigen Nacht finden wir uns alle pünktlich bei einem vielseitigen, leckeren Frühstückbuffet ein. Wir lassen uns Zeit und gehen gut gestärkt eine gute Stunde später auf die Strecke, die von nun an über 10 Kilometer nur eine Richtung kennen wird, und zwar die nach oben. Ich habe nur meine kleine Einkaufsumhängetasche dabei und bin also schön leicht unterwegs. Dennoch komme ich gleich auf den ersten Metern ordentlich ins Schwitzen.

Wir verlassen nach wenigen Minuten den Schotterweg und wechseln auf einen kleinen Pfad, der steil nach oben führt. Es nieselt noch leicht. Der Boden ist schon hier ziemlich durchgeweicht. Das Problem mit dem Riss in meinem rechten Schuh hat sich in den letzten Tagen noch verstärkt. Zu dem ersten Bereich an der Seite kommt jetzt eine zweite Stelle dazu, bei dem der äußere Stoff aufgerissen ist. Ich fürchte, ich werde irgendwann neue Schuhe brauchen. Das ist aber ein Problem, das sich hier und heute nicht lösen lässt. Jetzt muss ich zunächst die ersten Kilometer gut überstehen. Ich laufe betont langsam, komme mir vor, wie ein Bergsteiger im Himalaja bei 7500 Metern. Mein Puls schnellt in die Höhe und ich brauche immer wieder Ruhepausen.

Annette, die mit mir gemeinsam gestartet ist und auch nur einen Tagesrucksack trägt, schnauft ebenfalls gewaltig und bleibt noch hinter mir. Leichten Fußes schwebt irgendwann Marike, die Holländerin, an mir vorbei. Ihr scheint die Steigung nicht so viel auszumachen, aber sie ist auch halb so alt wie ich.

Die Ruhepausen nutze ich in schöner Regelmäßigkeit dazu, zurückzuschauen und Fotos zu schießen von dem traumhaften Blick ins Tal. Die Landschaft verändert sich alle 30 Minuten. Bald ist die Baumgrenze erreicht und die typische Vegetation der Gebirgsebenen setzt sich durch. Niedrige Fjellbirken, Büsche, Moose und Flechten, Gras und Sträucher prägen das Bild. Das Ganze in verschiedenen Grüntönen.

Als wir so etwa auf 800 Metern sind, kommt die Sonne durch und der Blick auf die einzigartige Landschaft verändert sich noch einmal. Die Durchfeuchtung des Bodens ist allerdings jetzt schon grenzwertig. Auf den steinigen Wegen, auf denen wir nach der Überquerung eines kleinen Baches jetzt unterwegs sind, läuft es sich noch ganz entspannt. Sowie wir die breiten Wege verlassen müssen, wird es feucht und wir müssen uns oft einen Weg suchen, auf dem Schuhe und Hosen halbwegs trocken bleiben.

Inzwischen ist Peter auch angekommen. Er ist sehr schnell unterwegs und offensichtlich ein gut trainierter Ausdauersportler. Wir laufen an der Spitze unserer Gruppe. Marike hat sich zurückfallen lassen und fotografiert viel. Annette läuft in ihrem eigenen Tempo am Ende. Unterwegs kommen wir, Peter und ich, miteinander ins Gespräch und es fällt die Frage: „Was machst du eigentlich beruflich?" Als ich mich als Pfarrer zu erkennen gebe, lacht Peter laut und gibt mir die Hand. Wir sind tatsächlich Kollegen. Da hat mich mein Gefühl gestern also nicht getäuscht! Er lebt in Bayern und hat dort eine kleine Dorfpfarrstelle in Franken.

Nun haben wir für den weiteren Weg ein Thema, den Austausch über unsere jeweilige Gemeinde- und Arbeitssituation. Dabei vergeht die Zeit wie im Flug. Wir kommen auf nun sehr viel angenehmer zu laufenden Passagen der höchsten Stelle des Tages immer näher. Das Dovjefjell beinhaltet zwei Nationalparks, beherbergt mehr als 400 Pflanzenarten und zwei ganz besondere Tierarten. Vor einigen Jahren wurden Moschusochsen im Nationalpark neu angesiedelt. Mehr als 300 Tiere sind es inzwischen. Zu viele für die doch überschaubare Fläche. In diesem Jahr gibt es erstmals eine Abschussquote. An mehreren Stellen rund um den Nationalpark kann man Safaris buchen und die Moschusochsen aus der Ferne beobachten.

Nähern sollte man sich den Tieren nicht, denn ihre Sprintleistung schafft selbst ein Weltklassesprinter nicht. Darüber hinaus leben auch wilde Rentiere im Bereich des Dovrefjells. Beide treffen wir heute allerdings nicht an. Der höchste Punkt des Tages mit 1210 Metern über dem Meeresspiegel ist bald erreicht. Nun ziehen die ersten dunklen Gewitterwolken auf und wir schaffen es gerade noch, vom Allmannsroysa ein paar Fotos zu schießen, bevor wir uns in unsere Regenbekleidung hüllen. Der Olavswegpfahl mit seiner Steinpyramide und einer Pilgerbox mit Gästebuch gilt als Ort der Fürbitte und Danksagung, als Ort der Ehrerbietung. Viele Pilger legen hier einen Stein ab, mit dem sie symbolisch eine Schuld, eine

Angst oder ein Stück Dankbarkeit ablegen. Peter und ich haben heute keinen Stein dabei. Das ist mir in all der Vorbereitung irgendwie entglitten. Aber wir wären nicht Theologen, wenn uns nicht die richtige Begründung einfallen würde. So meint Peter, ganz Pfarrer: „Wir sind doch evangelisch, da sind wir gerecht allein aus Gnade." Wo er Recht hat…. Der Regen nimmt uns die Andacht, an dieser Stelle noch länger zu verweilen. Von Weitem ist der höchste Berg des Dovrefjells, der Snohetta, zu sehen. Er ist stolze 2286 Meter hoch und beherbergt auch einen kleinen Gletscher. Von Hjerkinn aus werden wir ihn noch schöner sehen können. Nun gilt es aber, die letzten Kilometer bis zur Herberge Fokstugu gut zu überstehen und dort halbwegs trockenen Fußes anzukommen.

Dieser hehre Plan erweist sich schon wenig später als absolut illusorisch. Der kräftige Niederschlag fällt auf den ohnehin schon regengesättigten Boden und fließt sofort in Richtung Tal. Binnen Minuten wird der Boden so zu einem einzigen See. Die kleinen, ausgetretenen Pfade werden zu Bächen und nach wenigen Metern sind Schuhe, Strümpfe und Hosenbeine wieder komplett nass und verschmutzt. Der weiche Erdboden wird zur Schlammwüste. Diese letzten Kilometer werden so zur Tortour. Eben schien noch die Sonne. Alles war gut und kurze Zeit später laufe ich nur noch fluchend durch die Landschaft. Mehrere Sturzbäche müssen wir überwinden. Hier sind zum Glück Behelfsbrücken, die uns sicher ans andere Ufer bringen.

Irgendwann überholen uns Jan und Frauke. Sie haben in Dovre gezeltet und sind wie immer zügig unterwegs. Wir werden uns heute Abend wiedersehen. Am Hang entlang laufen wir und es gibt kein Entrinnen. Der Weg nach Fokstugu Fjell-stue führt nur durch den Schlamm. Wenigstens lässt der Regen wieder nach und unsere Herberge kommt irgendwann in Sicht. Fokstugu ist der höchstgelegene noch aktiv bewirtschaftete Bauernhof in Norwegen. Seit gut 15 Jahren werden hier Pilger aufgenommen. Laurits Fogstugu hat sogar das „Guds Huset", eine kleine Kapelle auf seinem Hof errichtet, in der tägliche Gottesdienste und Andachten gefeiert werden. Seine Frau Christiane ist eine herzliche Gastgeberin und in dem Haus aus den 1880ern fühlen wir uns sofort wohl. Um 20.30 Uhr sind wir zur Andacht eingeladen. Bis dahin sind die nun allerdings auch notwendigen Arbeiten sicher getan.

Wir heizen den kleinen Stahlofen im Flur an und stellen unsere Schuhe um ihn herum zum Trocknen auf. Danach beziehen wir unsere Zimmer. Ich habe eines mit Blick in das Fjell für mich allein. Das ist prima. Die Waschmaschine läuft im Dauerbetrieb, deshalb wasche ich meine Strümpfe und Shirts von Hand. Die haben es auch bitter nötig. Schnell hüpfe ich noch unter die Dusche und kann mich dann wie ein neuer Mensch fühlen. Das war heute richtig hart. Knapp 22 Kilometer stehen neben vielen Höhenmetern auf meiner Uhr. Fast 4000 Kalorien habe ich heute verbrannt. Die werden durch die Tomatensuppe aus der Tüte, die ich zum Abendbrot esse, nicht aufgewogen. Mit kritischen Blicken beäuge ich immer wieder meine Schuhe, die nicht nur völlig verdreckt sind, sondern auch ziemlich zerzaust. Morgen muss ich da eine Entscheidung treffen. Ich brauche neue Schuhe, das steht fest. Wir besuchen nun erst einmal gemeinsam die Abendandacht und sind ganz angetan von der kleinen Kapelle. Ein Kreuz aus alten Türbändern vom Hof ziert den Altar, der aus einer Steinplatte aus dem Fjell besteht. Obwohl der Raum so klein wirkt, finden etwa 20 Gäste hier Platz. Heute Abend sind noch ein paar Gäste aus der Nähe hier. Die Andachten werden täglich morgens um 9.00 Uhr und abends um 20.30 Uhr angeboten. Sie werden von Pfarrerinnen und Pfarrern gehalten, die irgendwo in der Nähe zu Hause sind. In dieser Woche hat eine Pfarrerin aus Vinstra hier Dienst.

Sie führt in drei Sprachen durch die Andacht, Norwegisch, Englisch und Deutsch und macht das ganz geschickt, so, dass alle etwas auf ihren Weg mitnehmen. In guter Weise geht sie dabei auf das Pilgern ein und das, was einen solchen Weg ausmacht. Wir als Deutsche wünschen uns nach den zwei norwegischen Liedern noch etwas für uns Singbares und stimmen gemeinsam einen Gesang aus Taizé an, was die Kollegin sichtlich beeindruckt. Im Gemeinschaftsraum sitzen wir noch ein paar Minuten beieinander, bevor sich einer nach dem anderen zurückzieht und nach diesem anstrengenden Tag sich dem seligen Pilgerschlaf hingibt.

Der Aufstieg beginnt

Der Allmannsroysa – höchster Punkt des Tages

Kapitel 29

Von Fokstugu zum Hageseter Campingplatz –
Himmel und Hölle

27.07.23

Der heutige Morgen fängt schon einmal schön an. Beim Blick aus dem Fenster zeigt sich die Sonne. Ich habe einen epischen Blick auf die Berge und die noch nicht sonderlich viel befahrene E6. Es verspricht, ein guter Tag zu werden. Die Schuhe sind über Nacht gut getrocknet, die gewaschenen Zip-Hosenbeine auch. Inzwischen weiß ich die elektrischen Flachheizkörper an der Wand auch gut zu nutzen, um diverse Kleidungsstücke zu trocknen. Das Frühstück ist lecker. Ich habe in den letzten Tagen norwegischen Joghurt in Tuben entdeckt. Zwei Tuben und ein bisschen Müsli ergeben eine leckere Frühstücksmahlzeit. Nach dem Frühstück besuche ich mit einigen anderen Pilgern die Andacht in der kleinen Kapelle. Auch heute hat die Pfarrerin von gestern Abend Dienst und nutzt die Gunst der Stunde, um einen Taizégesang mit in ihre Andacht einzubauen.

Nach dem Frühstück brechen wir auf. Marike startet als Erste, Peter folgt ihr. Annette und ich schleichen gemeinsam den Berg hinauf. Auch an diesem Morgen wartet der „Warmmacher" gleich am Anfang auf uns. Steil müssen wir ungefähr zweihundert Höhenmeter auf dem ersten guten Kilometer überwinden. Heute wieder mit dem Rucksack auf dem

Rücken. Das macht es nicht einfacher. Die Pausen nutze ich, um den Blick auf den Snohetta zu genießen. Der Weg ist zwar schwer, aber ich werde durch die wundervolle Landschaft mehr als entschädigt für meine Mühen.

Als ich den Höhenweg auf dem Bergkamm erreiche, sind die ersten Höhenmeter geschafft. Peter hat auf mich gewartet, verabschiedet sich aber an dieser Stelle von mir. Er übernachtet heute in Hjerkinn, hat also etwa 5 Kilometer mehr Strecke zu bewältigen als ich. Ich warte noch auf Annette und wir setzen gemeinsam unseren Weg fort. Irgendwo hinter uns ist auch der helle Strohhut von Marike zu erkennen, die abseits des Wegs offenbar wieder fotografiert, während wir den Höhenweg erreichen.

Auf dem Bergkamm geht es nun einige Kilometer immer leicht auf und ab, in sanften Schwüngen um die eine oder andere Kuppe herum. Jetzt ist es Genusswandern. Ich bin einfach glücklich. Der Weg ist einigermaßen trocken und lässt sich angenehm laufen. Auf einer markanten Bergkuppe mit ein paar großen abgeflachten Steinen setze ich den Rucksack ab und wende mich meinem Lunchpaket zu. Langsam ziehen Wolken auf. Bald kommt auch Annette um den Berg herum. Es tröpfelt, ich hole meine Regenjacke aus dem Rucksack und lege sie vorsichtshalber schon einmal bereit. Tatsächlich wird der Regen stärker. Ich ziehe die Jacke an und laufe weiter. Annette bleibt noch etwas, um sich zu erholen. Sie muss heute auch bis nach Hjerkinn laufen. Ich habe auf dem Campingplatz Hageseter eine Pilgerunterkunft gebucht und bin froh, dass mein Pensum heute nicht so hoch ist. Es sind auch so schon über 20 Kilometer. Für mich mehr als genug.

Meine gute Laune von eben wandelt sich im Laufe der nächsten Stunden bis zu richtiger Wut. Was ist jetzt geboten bekomme, ist im Prinzip der Alptraum eines jeden Pilgers. Der Boden ist offenbar so gesättigt, dass nichts mehr versickert. Der Regen verwandelt das Fjell wieder binnen Minuten in einen Sumpf. Was eben noch fest und gut zu belaufen war, wird zum knöcheltiefen Morast. Die kleinen rinnenartigen Wege und Pfade werden zu Bächen. Anfangs versuche ich noch, mir einen trockenen Weg über die niedrigen Büsche abseits des ausgetretenen Pfades zu suchen. Irgendwann gebe ich das auf, laufe nur noch stur geradeaus. Meine Hosenbeine sind inzwischen bis zu den Knien pechschwarz und bis zum Schritt durchnässt. Ich habe noch gut 10 Kilometer vor mir. Hinter mir donnert es. Da ist offensichtlich auch noch eine Gewitterzelle am Werk. Hoffentlich überrascht die mich nicht hier auf dem Berg.

Ohne Pause laufe ich diese 10 Kilometer durch. Dabei fluche ich immer wieder laut und leise. Zum ersten Mal frage ich mich, warum ich mir das hier überhaupt antue. Warum wird ein solcher Weg nicht gesperrt? Ich komme auf einen quer zum Weg herabfließenden Bach. Wie soll ich da durchkommen? Es ist keine Brücke in Sicht. Ich habe keine Lust, meine Schuhe auszuziehen, die sind ja ohnehin pitschenass. Also Augen zu und durch! Ich laufe geradewegs durch den Bach und versinke bis zu den Knien im eiskalten Wasser. Das ist mir jetzt auch egal. Ich gebe mich völlig auf und latsche einfach nur noch geradeaus, egal wie tief oder matschig es dort ist. Ich will nur noch eins: ankommen!

Auch im Moorgebiet im Anschluss an die Fjellpassage gibt es immer wieder Holzbohlen, die einfach absaufen, wenn man sie betritt. Zum Glück lege ich mich nicht noch hin wie eine ältere Dame aus der Schweiz, die an dieser Stelle kurz vor mir läuft. Ich glaube, das hat mit Pilgern oder Wandern nichts mehr zu tun. Das war gestern und heute eher was für Masochisten oder Leute, die es sich mal so richtig geben wollen. Heute bin ich mal so richtig sauer. Eine einzige Pilgerbank steht auf den ganzen 20 Kilometern. Da geht auch mehr. Schließlich tragen die Pilger jedes Jahr einen Haufen Geld ins Land. Ich glaube, in Deutschland hätte man den Weg unter diesen Umständen gesperrt oder wenigstens Warnschilder aufgestellt. Der ganze Fjell ist ein einziger Sumpf. Aus meiner Sicht ist durch die vielen Niederschläge der letzten Wochen der Weg im Fjell im Grunde genommen momentan nicht begehbar.

Die letzten Kilometer des Tages ziehen sich noch einmal hin. Der Campingplatz ist zwar schon von Weitem zu erahnen, aber es sind noch etliche Kilometer bis dorthin zu überwinden. Total erschöpft und wütend, komme ich auf dem Campingplatz an. So wie ich jetzt allerdings aussehe, kann ich die Rezeption nicht betreten. Ich zippe meine Hosenbeine ab, ziehe meine Schuhe aus und setze mich zum Verschnaufen auf eine Bank. Es hat inzwischen wieder aufgehört zu regnen und die Sonne lugt durch die dichte Wolkendecke etwas hindurch. In der Rezeption bekomme ich meinen Schlüssel für das Pilgerstübchen, melde mich zum Abendessen und auch zum Frühstück an. Ich beziehe mein Zimmer und weiche zuerst die vom Schlamm schwarz gefärbten Hosenbeine und

Wanderstrümpfe ein. Das wird schwierig, die wieder ohne Waschmaschine richtig sauber zu bekommen.

Beim Blick auf meine Schuhe wird mir deutlich: Sie sind nun endgültig hinüber. Zwei große Löcher befinden sich im Stoff und sie reißen weiter auf. Ob ich sie bis morgen trocken bekomme, muss ich auch erst einmal sehen. Glücklicherweise gibt es im Flur einen Schuhtrockner. Daran hängen allerdings die Trailrunner von Jan und Frauke. Inzwischen erkennen wir uns an den Schuhen. Also muss ich mich noch gedulden. Für meine Wanderschuhe war dieser nasse Siff verbunden mit den scharfen Steinkanten heute tödlich. Sie halten maximal noch ein bis zwei Tage. Also muss jetzt Plan B greifen.

Ich schreibe Thomas, bei dem in Stjordal mein Auto steht, ob er mir meine zweiten Wanderschuhe, die ich zur Sicherheit im Auto deponiert habe, irgendwie zukommen lassen kann. Er reagiert sofort und fragt in einer speziellen Facebookgruppe an, ob eventuell jemand von Trondheim aus morgen in Richtung Oslo fährt. Der Campingplatz liegt glücklicherweise nur 2 Kilometer von der E6 entfernt. Tatsächlich findet sich jemand, der diesen Kurierdienst für einen Obolus übernehmen würde. Ich bin glücklich, als mich nur wenig später diese Nachricht erreicht. Morgen am späten Vormittag werde ich also meine Lederstiefel gebracht bekommen. Was alles möglich ist, wenn man einigermaßen gut vernetzt ist! So gehe ich etwas beschwingter zum Abendessen, wo ich auf Jan und Frauke treffe.

Später kommt auch Marike dazu, die eine gute Stunde nach mir in Hageseter angekommen ist. Wir lassen uns unser Abendessen schmecken und kommen dabei ins Gespräch.

Natürlich wird das Thema Beruf irgendwann aufgerufen. Ich mache den Anfang und erzähle von meiner Arbeit in den Gemeinden und dem Kontaktsemester hier in Norwegen. Marike arbeitet als Sozialpädagogin in einer Vorschule in Holland vor allem mit Kindern aus Familien mit Migrationshintergrund. Sie macht sie fit für die ersten Schritte in der Schule. Man spürt, wie viel Freude ihr diese Aufgabe mit den Kindern und Familien macht. Auf dieser Pilgerwanderung will sie ein paar Fragen für sich selbst und ihr Leben klären. Sie hofft, an der einen oder anderen Stelle ein Stück weiterzukommen. Jan arbeitet für eine amerikanische Firma in der IT-Branche. Frauke ist eine deutschlandweit und international bekannte Künstlerin, die sich in den letzten Jahren ganz der Sandmalerei zugewandt hat. Die gerade für die Künstler schwierigen Coronajahre haben auch bei ihr Spuren hinterlassen.

Ich bin dankbar für diese Begegnungen und die Gespräche am Abendbrotstisch. Die Menschen, die ich hier in diesen Tagen treffe, sind auch ein Geschenk und ein Schatz auf dem Olavsweg. Ich spüre, Frauke möchte eigentlich nicht so viel über ihre Arbeit reden und das Gespräch geht dann auch in eine andere Richtung. Wir verabreden uns zum Frühstück und verabschieden uns. Nun wende ich mich meinen komplett nassen Schuhen zu und stelle sie an den Schuhtrockner. Da stehen sie jetzt einträchtig neben den Lederboots von Marike. Der Trockner wird wohl die ganze Nacht durchlaufen müssen, um meine komplett verdreckten und durchnässten Schuhe trocken zu bekommen.

Ich telefoniere am Abend noch mit meiner Frau zu Hause und berichte von diesem Tag zwischen Himmel und Hölle. Hoffentlich funktioniert das mit den Schuhen morgen.

Fokstugu – tolle Herberge im Fjell

Noch scheint die Sonne...

Kapitel 30

Von Hageseter nach Kongsvold und Transfer
nach Oppdal

28.7.-29.7.23

Nach dem gestern nicht so leichten Tag mit einem stim-
mungsmäßigen Auf und Ab, bin ich froh, dass heute zumindest ein Problem gelöst wird: Ich bekomme neue Schuhe.
Nach dem gemeinsamen Frühstück mit meinen Mitpilgern
bleibe ich also noch hier auf dem Campingplatz und warte auf
meine Schuhe. Die wird mir Markus bringen. Er ist auf dem
Weg nach Oslo und hat gestern Abend schon die Schuhe bei
Thomas abgeholt. Laut letzter Nachricht wird er gegen 11.00
Uhr hier kurz anhalten und mir die Schuhe übergeben. Damit
werde ich den schuhtechnischen Paradigmenwechsel vollzie-
hen. Von Goretex wechsle ich zu Leder. Ich bin gespannt, wer
dann gefühlt am Ende das Rennen macht. Im Grunde sind
meine jetzigen Schuhe schon aus dem Rennen, obwohl ich
dankbar für die leichten und auf den Straßen und Schotterwegen gut zu laufenden Schuhe war. Nun werden also meine
Lederboots ins Rennen gehen. Ich habe sie in den Monaten
vor der Abreise immer wieder getragen und sie so ganz gut
eingelaufen. Sie sind komplett aus Leder und verfügen über
keine Goretexmembran. Vor einigen Wochen habe ich sie
komplett mit Lederfett bearbeitet und so hoffentlich gut vor
Feuchtigkeit geschützt.

Mit etwas Verspätung kommt Markus auf dem Campingplatz an. Die Übergabe geht zügig und verläuft vollkommen unkompliziert. Schnell fährt er weiter und ich ziehe meine neuen Treter an. Die bisherigen Schuhe habe ich im Rucksack ganz unten verstaut. Ich will sie, wenn ich zu Hause bin, reklamieren. Eine solche kurze Lebensdauer ist in meinen Augen nicht zu tolerieren. Mal schauen, was Händler und Hersteller dazu sagen. Die Wartezeit auf dem Campingplatz habe ich dazu genutzt, den vor mir liegenden Weg zu studieren. Normalerweise muss ich zunächst bis Hjerkinn wieder zurück in die Schlammhölle. Auf meiner Karte in der Handyapp entdecke ich neben dem matschigen Pilgerpfad noch einen Radweg, der zur Eysteinkirche führt bzw. nach Hjerkinn. In die Richtung muss ich und wo Räder fahren, sollte doch auch ein Pilger zurechtkommen. Ich starte also in Richtung des Radweges und bin erstaunt, als ich ihn erreiche. Tatsächlich handelt es sich um einen breiten und asphaltierten Weg. Dem folge ich auf den ersten Kilometern und das bei herrlichstem Sonnenschein. Geht also schon gut los, der Tag! Als ich allerdings an der Eysteinkirche unweit von Hjerkinn ankomme, fängt es an zu nieseln.

Die Eysteinkirche wurde erst in den 60er Jahren gebaut. Sie ist sehr modern und schlicht eingerichtet. Den angebotenen Pilgerkaffee trinke ich gern, aber der ältere Herr, der die offene Kirche betreut, spricht leider nur norwegisch. Nach einer Weile kommt eine weitere Pilgerin an, der ich bisher noch nicht begegnet bin. Ich schultere meinen Rucksack und auf geht's in die Höhe. Aufstiege sind bekanntlich nicht gerade meine Lieblingsdisziplin. Die neuen Schuhe fühlen sich im

Vergleich ein bisschen schwer und steif an, aber der Grip ist in dem feuchten und rutschigen Gelände wesentlich besser. Einen guten Kilometer geht es steil hinauf. Dann wird der Weg breiter und weniger steil. Heute fühle ich mich gut, bin für meine Verhältnisse recht schnell unterwegs und bald auf dem breiten Kieselsteinweg angekommen, der sanft ansteigend weiterführt zum nächsten Meilenstein oben auf dem Gipfel. Die Sonne kommt wieder heraus. Jetzt versucht der Olavsweg offenbar, sich mit mir zu versöhnen. Wunderbare Blicke in die Landschaft habe ich, egal in welche Richtung ich schaue. Ich kann mich nicht satt sehen. Das Fjell ist einfach schön und zu den vielen Grüntönen gesellt sich jetzt der Farbton der Heide, die jetzt auch zu blühen beginnt. Der Weg ist hier oben trocken und gut zu laufen. Eine friedliche Ruhe erfüllt den Pilger. Es ist still und einfach zum Genießen! Auf der Hjerkinnhöhe in über 1000 Metern begrüßt mich der nächste Meilenstein, 208 Kilometer Til Nidaros. Jetzt wird es langsam aber sicher überschaubar. Ich schieße noch ein paar Fotos in alle Richtungen. Da sind doch schon wieder dicke Wolken im Anzug!

Ich verweile hier nicht lange. Nun geht es ohne lange Pause auf der anderen Seite des Berggipfels nach unten. Wie weit mögen denn inzwischen meine Mitpilger sein? Ich kann sie von hier oben aus jedenfalls nicht ausmachen. Auf dem Weg Richtung Kongsvold hinab begegne ich einer netten fünfköpfigen französischen Familie. Wir kommen ins Gespräch über den Olavsweg und das Pilgern. Sie sind hier auf einer Kurzwanderung für ein paar Tage im Dovrefjell unterwegs.

Ich darf noch ein Familienfoto für ihr Album schießen und dann geht es weiter den Berg hinab bis zur E6.

Als ich dort ankomme, entwickelt sich auf den letzten Metern der erst leichte Regen doch in Richtung Wolkenbruch. Alles, was nicht unterhalb der Regenjacke seinen Platz hatte, ist innerhalb von Sekunden klitschnass. Laut Karte und Pilgerführer wären es jetzt nach der Überquerung des hochwasserführenden Flusses Driva, die kaum trockenen Fußes möglich war, noch einmal zwei Kilometer steil bergauf und danach zwei Kilometer genauso steil bergab. Das wird von mir kurzentschlossen abgewählt. Nein, das will ich heute nicht mehr! An der E6 entlangzulaufen ist auch keine Option. Das ist zu gefährlich. Es gibt viel Verkehr und die Sicht ist durch den dichten Regen sehr schlecht. Also halte ich meine Hand gen Straße und das dritte Auto hält sofort an.

Ein junger Finne nimmt mich die vier Kilometer die Straße hinab bis zur Kongsvold Fjellstue mit. Das ist eines der fünf besten Hotels und Restaurants in Norwegen. Für 120 Euro könnte ich hier heute Abend sternemäßig dinieren. Frühstück kostet nur 18,50 Euro. Ich nehme, auch wenn es mich reizt, davon Abstand und versorge mich heute Abend und morgen früh selbst. Der Rest vom heutigen Lunchpaket und ein paar Reserven aus dem Rucksack werden reichen.

Unterwegs habe ich eine Entscheidung getroffen. Morgen werde ich, da die Wettervorhersage ähnlich unstetes Wetter wie heute vorhersagt, mit der Bahn nach Oppdal fahren und noch ein Stück laufen. Mit dem Fjell und mir, das wird in diesem Sommer nichts mehr so richtig. Ich überspringe also die beiden letzten Etappen im Fjell. Wenn mein Plan funktioniert, kann ich es so zum 5. August bis nach Trondheim schaffen. So kann ich für meine Pilgerwanderung am 6. August mit dem Gottesdienst im Nidarosdom auch einen schönen Abschluss finden. Die eigentliche Tagesaufgabe für heute ist aber erfüllt. Meine „neuen" Wanderschuhe haben den ersten Test bestanden. Sie sitzen noch nicht so richtig am Fuß, aber das wird sich entwickeln. Dicht sind sie jedenfalls geblieben. Ich buche noch mein Bahnticket mit dem Smartphone und freue mich auf den Endspurt, der in Oppdal beginnt. Es gibt ein Wiedersehen mit meinem Amtsbruder Peter, der heute auch hier übernachten wird. Er hat gestern noch eine Safari zu den Moschusochsen gebucht, konnte aber leider keines der Tiere erblicken. Peter wird morgen bis zu einem Campingplatz an der E6 laufen. Die Nacht verbinge ich mit zwei älteren Norwegerinnen im Vierbettzimmer.

Beim Frühstück bin ich allein. Alle anderen haben das Frühstück im Restaurant gebucht, mir ist das einfach zu teuer. Mein Zug fährt kurz vor halb elf vom Bahnhof in Kongsvold ab. Bis dahin laufe ich gut zwanzig Minuten ein Stück die E6 hinab. Von Weitem schon kann ich die historischen Bahnhofsgebäude sehen, die mich an eine alte Modelleisenbahn erinnern. Ich stehe am Gleis und bin der einzige Fahrgast. Nach ein paar Minuten sehe ich von Weitem einen Strohhut leuchten. Das kann nur Marike sein, die junge Holländerin. Sie hatte offensichtlich denselben Plan wie ich. Wir kommen nach der fröhlichen Begrüßung ins Gespräch. Sie hat sich in Oppdal ein Hotelzimmer gebucht und wird auch morgen ihren Pilgerweg fortsetzen. Wir fahren gemeinsam eine Station südwärts. In Hjerkinn haben wir zwei Stunden Aufenthalt. Die nutze ich, um das Pilgerzentrum aufzusuchen und einen Kaffee zu trinken. Hjerkinn erinnert mich an manche Eisenbahnstation im Wilden Westen. Eigentlich gibt es hier nichts als die Eisenbahn und die Hjerkinn Fjellstua, die Pilgerherberge, das Museum und Besucherzentrum. Es fehlt nur noch die typische Westernmusik von Ennio Morricone. Die Sonne brennt heute kräftig. Es sind nicht viele Menschen unterwegs und die wenigen dösen auf den Zug wartend in der Sonne. Marike nutzt die Zeit und telefoniert stundenlang mit den Lieben zu Hause. Nach zwei Stunden hat das Warten ein Ende und der Gegenzug der Dovrebahn, der uns nach Oppdal bringt, läuft ein. Wir haben unsere Sitzplätze in verschiedenen Abteilen, sehen uns auch beim Ausstieg eine Dreiviertelstunde später nicht nochmal. In Oppdal besuche ich den Rema 1000 Supermarkt und decke mich mit frischen Lebensmitteln ein.

In den nächsten Tagen werde ich hauptsächlich in Selbstversorgerherbergen übernachten. Da ich aber auch jeden Tag die Möglichkeit des Einkaufs habe, bleibt es bei ein paar Kleinigkeiten. In einem kleinen Lokal bestelle ich etwas zu Essen und stärke mich so für den Weg zu meiner heutigen Herberge etwas außerhalb von Oppdal. Bis dahin muss ich noch knapp vier Kilometer laufen. Der Olavsweg ist nur ein paar Schritte entfernt und ich finde die ersten Schilder nach wenigen Minuten. Durch ein Wohngebiet führt der Weg etwas auf den Berg und dann aus dem Ort heraus. In einem Buswartehaus verschnaufe ich kurz und habe danach nur noch etwa einen Kilometer vor mir. Der Olavsweg biegt hier links ab und verläuft etwas höher am Berg über schmale Graspfade am Hang entlang. Meine Herberge liegt etwas unterhalb, fast in der

Talsohle, nicht weit von der E6 entfernt. Die letzten 400 Meter geht es auf Schotter steil bergab. Das wird morgen früh meine „Hallo wach" - Strecke. Das kenne ich inzwischen schon. Der Campingplatz Imi in Stolen, wie diese Siedlung hier benannt ist, bildet eine Mischung aus Jugendherberge und Campingplatz. Ich kann mir aussuchen, ob ich ein Zimmer mit Toilette im Haus buche oder eine Hütte ohne jede Sanitärmöglichkeit. Die Duschen sind ohnehin alle im Haupthaus in der unteren Etage untergebracht. Ich entscheide mich für das Zimmer mit Toilettenmöglichkeit und beziehe gleich im Anschluss mein Domizil. In meinem Zimmer befinden sich zwei Doppelstockbetten. Ich suche mir eins aus und bin gespannt, ob ich heute allein bleibe. Es ist noch früh am Nachmittag, aber bis zum Abend kommt niemand. Ich habe mein Reich tatsächlich für mich. Eine große Wohnküche mit Herd, Kühlschrank und großzügiger Sitzecke gehört neben der Toilette auch dazu. Ich bin heute sehr müde, obwohl ich nicht viel gelaufen bin.

Eysteinkirke in Hjerkinn

Meilenstein auf der Hjerkinnshoe

Kapitel 30

Von Oppdal, Campingplatz Imi Stolen nach Haeverstolen

30.07.23

In den letzten Tagen ist in mir der Entschluss gereift, in Trondheim am Samstag, dem 05.08., ankommen zu wollen. Dieser Ankunftstag bietet mir die Möglichkeit, abends noch die Pilgerandacht zu besuchen und am Sonntagmorgen die Messe. Hier auf diesen letzten Kilometern nördlich des Dovrefjells bin ich wieder ganz im Rhythmus meines Pilgerführers unterwegs. Die Etappen sind von der Länge her alle gut zu schaffen und vom Höhenprofil her sind sie auch nicht zu vergleichen mit dem, was ich schon hinter mir habe. Ich muss allerdings in der einen Woche doch gut 150 Kilometer zurücklegen. Das ist deutlich mehr, als ich in den zurückliegenden Wochen jeweils geschafft habe. Es erfordert also eine gute Motivation und möglichst immer erholsame Nächte. Ich bin gespannt, wie die letzten Pilgerherbergen auf meinem Pilgerweg sich so präsentieren. Sie sollen einer der großen Trümpfe des letzten Abschnittes auf dem Olavsweg sein. Ich versuche telefonisch, soweit es möglich ist, schon die Quartiere zu buchen, habe aber noch ein paar blinde Flecken. Da muss ich heute Nachmittag noch einmal aktiv werden.

Ich starte nach dem Frühstück so gegen 7.30 Uhr recht früh in den Tag. Der Aufstieg bis zur Straße ist doch schnell geschafft und von nun an führt der Olavsweg immer entlang des

Berges auf einer Höhenlinie. Es gibt also bis auf wenige Ausnahmen heute keine größeren Steigungen mehr. Dieses Gebiet nördlich von Oppdal ist vom Wintersport geprägt. Oberhalb des Campingplatzes gibt es eine Reihe von Skiliften und Loipen. Im Winter ist das hier ein Skiparadies. Viele Hüttensiedlungen entstehen am Berg, Grundstücke werden angeboten oder sind schon erschlossen und verkauft. An den Wochenenden fahren viele Norweger in ihre Hütten in den Bergen. Diese hier sind offensichtlich alle mehr oder weniger für den Winter gedacht. Rechts unterhalb der Straße liegt das Tal. Die Sonne steht über dem gegenüberliegenden Berghang und sie hat heute wieder zumindest zeitweise viel Kraft. So komme ich bald ins Schwitzen. Leider gibt es ganz wenige Sitzgelegenheiten auf dem Weg. So muss schon mal ein Stein für eine kleine Pause herhalten. Eine richtige Pilgerbank steht dann doch noch an der Infotafel der Kommune Rennebu, deren Gebiet ich hier betrete. Auch einen Pilgerstempel finde ich in der Box unter der Infotafel. Es ist der Stempel des Pilgerzentrums Dovre. Den habe ich bereits. Also geht es nach einer kleinen Pause ohne weiteren Stempel weiter.

Der Streckenverlauf ist eher unspektakulär, ich verlasse die Schotterstraße im Prinzip nie. Zum Glück gibt es hier wenig Verkehr. So kann ich ziemlich entspannt meine Kilometer abspulen. Es ist heute fast ein bisschen langweilig. Aber auch solche Etappen muss es geben. Ich hoffe, vielleicht einmal einen Elch oder andere große Tiere zu sehen. Heute muss ich mich nicht so sehr auf den Weg konzentrieren und habe mehr Zeit, in die Landschaft zu schauen, aber es zeigt sich nichts.

Andere Pilger begegnen mir nicht. Ich weiß, dass Annette hier heute auf dieser Strecke unterwegs ist und auch Marike startet heute in Oppdal diese Etappe. Sie wird aber mit Sicherheit weit zurück sein. Annette hat eine Herberge zwei Kilometer nach meiner gebucht. Marike übernachtet auf einem Pferdehof zwei Kilometer vor meiner Herberge. Ich bin gespannt, ob wir uns noch einmal begegnen An dieser Stelle des Pilgerweges gibt es ausnahmsweise einmal eine ganze Reihe von möglichen Herbergen. Das entspannt das Übernachtungsproblem natürlich. Von meiner heutigen Vermieterin weiß ich, dass ich wahrscheinlich noch mit zwei anderen deutschen Pilgern rechnen muss. Auch mein Amtsbruder Peter könnte hier heute Abend noch ankommen. Je näher ich Trondheim komme, umso mehr füllt sich der Weg. Das macht auf der einen Seite die Herbergssuche komplizierter, auf der anderen Seite ist es aber auch sehr schön, wenn es in großer und bunter Gemeinschaft auf die letzten Etappen geht. Das gibt mir jedenfalls noch einmal einen besonderen Motivationsschub. Bis zur anvisierten Selbstversorgerherberge in Haeverstolen sind es am Ende 21,5 Kilometer und ich erreiche sie am Nachmittag zur Kaffeezeit. Meine Gastgeberfamilie ist heute nicht da und so treffe ich also auf den leeren Hof. Ich bin auf den ersten Blick verliebt in diese wunderbare Pilgerunterkunft! Es ist wieder ein alter historischer Bauernhof aus dem 17. Jahrhundert in Holzbauweise und mit einer ganzen Reihe von Gebäuden. Alles wirkt sehr gepflegt und liebevoll restauriert. In der Mitte steht das Wohnhaus der Eigentümer. Ganz hinten etwas außerhalb des Hofes befindet sich die eigentliche Pilgerunterkunft, von der aus man einen wunderschönen Blick ins Tal hat. Der langgestreckte Flachbau mit begrüntem Dach in der Bauweise der mittelalterlichen Pilgerunterkünfte wird für heute Nacht mein Zuhause. Innen ist das Haus urig und gemütlich eingerichtet. Es gibt eine Sitzecke mit offenem Kamin und einem Kaminofen. Links und rechts sind insgesamt acht Betten für Pilger aufgebaut. In der Küche gibt es zwar kein fließendes Wasser, aber ansonsten ist alles vorhanden, was das Herz begehrt. Darüber hinaus steht auf dem Hof ein kleines Rorburhäuschen für Familien und Paare, seit Kurzem auch eine Pilgerhütte für Pilger mit Hund. Die Toiletten und Duschen sind in einem weiteren Gebäude untergebracht. Ich entdecke dort sogar eine kleine Sauna. Die wird aber wohl nur von den Eigentümern genutzt. Leider können wegen der derzeitigen Wasserknappheit die Duschen nicht genutzt werden. Das ist aber leicht zu verschmerzen, so schweißtreibend war die heutige Etappe nun auch wieder nicht.

Ich setze mich zuerst für einen Moment in der Sonne. Heute konnten noch einmal die alten Goretextschuhe einen letzten Dienst tun. Für die Schotterstraßen sind die leichten Treter besser geeignet. Die schweren Ledernen lagen den ganzen Tag auf meinen Schultern im Rucksack. Nach einer kleinen Verschnaufpause koche ich mir einen Cappuccino und genehmige mir ein Pilgereis aus dem Gefrierschrank. In der Küche finden sich ganz viele Lebensmittel und Snacks, welch ein Luxus! Alles mit einer Kasse des Vertrauens. Gern werde ich da morgen früh auch noch ein kleines Trinkgeld in die Box legen. Ich setze mich mit meinem Eis und dem Cappuccino draußen auf die Bank vor der Pilgerhütte und genieße einfach nur.

In diesem Moment biegen zwei weitere Pilger um die Ecke. Sie stellen sich als Horst und Gerhard vor und kommen aus dem Eichsfeld. Horst ist bereits 71, ein erfahrener Pilger, was ich seinem Pilgerhut problemlos entnehmen kann. So manchen Aufnäher mit Symbolen von Pilgerstrecken kann ich entdecken. Gerhard, sein Schwager, ist ein paar Jahre älter als ich. Beide sind für ihr Alter sehr fit und nicht sonderlich erschöpft. Sie sind auch wie ich in Oslo gestartet und sehr flott auf dem Olavsweg unterwegs. Auch sie wollen am Samstag in Trondheim ankommen. Wir kommen sofort gut ins Gespräch und holen uns ein alkoholfreies Bier aus dem Kühlschrank. Fröhlich stoßen wir an auf die geschaffte Etappe und unsere Pilgergemeinschaft. Die beiden sind bekennende Katholiken, aber wir sind ja im Osten Deutschlands ökumenisch ganz viel miteinander unterwegs und das funktioniert hier auch. Wir sitzen noch nicht lange, da sehen wir einen weiteren Pilger kommen. Das könnte vom Gang her Peter sein, denke ich. Und tatsächlich biegt er wenig später um die Ecke. Nun ist die Parität wieder hergestellt. Mit einem freudigen „Hallo" begrüßen wir ihn und schnell steht auch sein Bier auf dem Tisch. Er klagt über schmerzende, wunde Füße und ich biete ihm mein Erste-Hilfe-Set an, was er gern nutzt, um die wirklich schlimm aussehenden Füße zu behandeln. Beide Fußballen sind jeweils eine einzige tiefe Blase und aufgeplatzt. Die Schmerzen müssen unerträglich sein. Wieder wird mir deutlich, wie sehr ich doch mit einer guten Physis gesegnet bin, zumindest, was meine Füße betrifft. Da gibt es keine Probleme für mich. Auch mit den anderen und noch nicht so gut eingelaufenen Schuhen nicht. Wir sitzen zu viert noch ein

Stündchen vor der Hütte und plaudern über dies und das. Einige Zeit später sehe ich Annette schon von Weitem auf dem Pilgerweg kommen. Sie ruft und winkt uns fröhlich zu. Morgen werden wir sicherlich alle gemeinsam in Meslo Gard übernachten. Wir haben einen sehr fröhlichen, unterhaltsamen Abend miteinander, nutzen die Zeit für Telefonate mit dem Lieben zu Hause, die große Wäsche und motivieren uns noch einmal für die morgige Etappe.

Wunderbares Wanderwetter und herrliche Sicht

Herberge in Haeverstolen

Kapitel 31

Von der Pilgerherberge Haeverstolen nach Meslo Gard
- Der Lachs lässt grüßen

31.07.23

Mit unserer Altherrenrunde hatten wir eine relativ schnarch-freie und erholsame Nacht in der wirklich schönen Herberge in Hæverstølen. Die Stille weit weg von irgendeiner viel befahrenen Straße hat uns allen gutgetan. Der Hof atmet einfach einen Frieden, der heilsam ist. Nach einem wohlschmeckenden Frühstück mit ein paar Köstlichkeiten aus dem Pilgerherbergenkühlschrank brechen wir gegen 7.30 Uhr auf. Dieser Trip wird wohl heute komplett im Regen verlaufen. So viel ist schon am frühen Morgen und auf den ersten Metern klar. Dass es dann doch nicht so werden sollte, ist einfach dem unberechenbaren norwegischen Wetter zu verdanken. Zunächst geht es auf dem Schotterweg von gestern weiter bergab. Nach gut zwei Kilometern führen uns die Olavwegzeichen in den Wald. Der Weg verläuft auf den ersten Kilometern meist am Hang entlang auf grasigem Boden. Ein erster Härtetest für meine Lederschuhe, die heute in Anbetracht der Wetterlage den Zuschlag bekommen haben. Um es vorwegzunehmen, den Test werden sie mit Bravour bestehen. Nach den vielen Kilometern auf Schotter am gestrigen Tag ist die Strecke heute eine echte Wohltat für die Füße. Auf den abwechslungsreichen Waldwegen läuft es sich gut, wenn nur der Regen nicht wäre.

Gemeinsam mit Horst und Gerhard, den beiden Thüringern im Schlepptau, haben Peter und ich schnell die ersten acht Kilometer in weniger als zwei Stunden absolviert, als uns ein Bauwagen mit Pilgersymbol zur Pause einlädt. Von dem Bauwagen las ich schon in verschiedenen Pilgerberichten und Büchern. Ich hatte ihn in meinem Kopf nur irgendwo im Fjell verortet. Die Einladung, hier eine Pause zu machen, nehmen wir beiden Pastoren gern an. Die Thüringer laufen weiter. Ihnen ist noch nicht nach einer Pause. Schnell nehmen Peter und ich Platz auf dem Sofa im Bauwagen. Es ist zwar auch hier drin recht frisch, aber den Ofen, der in der Ecke des Wagens steht, wollen wir deshalb nicht gleich anheizen. Es ist angenehm, einfach ein paar Minuten im Trockenen zu sitzen. Gesprächsstoff gibt es ausreichend und nach einer knappen halben Stunde marschieren wir gemeinsam weiter. Es geht nun immer weiter bergab. Das Ziel ist die Orkla, ein Lachsfluss, der unweit von Trondheim ins Meer mündet. Bis hierhin steigen die Lachse auf, wenn sie ihrem Laichgeschäft nachgehen. Geräuschvoll sucht der Fluss sich seine Bahn durch die felsige Landschaft. Zweimal wählen wir in Anbetracht des Wetters die Alternativrouten und umlaufen somit einen steilen Abstieg im Wald mit dem Preis von einigen hundert zusätzlichen Metern. Von Weitem schon hören wir sein Rauschen und bestaunen den Fluss, der sich in diesem Abschnitt recht eindrucksvoll durch die enge Felsschlucht presst.

Nun verläuft der Weg direkt neben dem Fluss. Beinahe verpassen wir eine Abzweigung. Der Blick auf die Karte zeigt uns aber die richtige Richtung an und bald kommt auch das nächste Olavswegzeichen in den Blick. Mein Anglerherz beginnt mächtig zu pochen. Hier riecht es nach Fisch. Ich habe nicht wenig Lust, hier noch einmal herzukommen, um zu angeln. Wenige Minuten später treffen wir auf die beiden Eichsfelder, die es sich in einer der vielen offenen Anglerhütten am Fluss bequem gemacht haben. Wir gesellen uns dazu und sind froh, wieder für ein paar Minuten im Trockenen zu sitzen. 13 Kilometer sind bis hierhergeschafft.

In fröhlicher Runde teilen wir unsere letzten Müsliriegel brüderlich untereinander auf. Das eine oder andere Erinnerungsfoto muss natürlich auch noch geschossen werden. Wir laufen weiter, teils an steilen Felswänden entlang, teils durch feuchte Waldstücke auf schmalen Pfaden immer in Hörweite der Orkla. Über einen Bauernhof mit schönen Rorburhäuschen und einer kleinen Brücke gelangen wir ans andere Ufer. Auf den letzten Kilometern des heutigen Tages verläuft der Weg noch einmal an einer recht viel befahrenen Straße entlang. So mancher Lastkraftwagenfahrer muss unseretwegen seinen Lastzug abbremsen. Die Norweger sind sehr rücksichtsvoll gegenüber Radfahrern und Fußgängern. Das fällt uns immer wieder auf. So kennen wir das aus Deutschland nicht.

Am Ende des Tages sind es gut 21 Kilometer, die wir gegen 13.00 Uhr bewältigt haben, als wir auf den Hof von Ingrid Meslo einbiegen. Horst und Gerhard, die ein wenig vor uns am Anglercamp gestartet waren, sind schon da und grüßen in Hase und Igel - Manier. Sie haben ihr Domizil schon bezogen. Für uns gibt es erst einmal einen Begrüßungskaffee und ein

Stück Kuchen. Da fühlt sich der Pilger doch wirklich herzlich willkommen. Unsere Gastgeberin hat das Herz am rechten Fleck. Das spüren Peter und ich sofort. Nach der kleinen Kaffeepause beziehen wir unser Rorburhäuschen und suchen uns in der oberen Etage unsere Betten aus. Die Sonne scheint inzwischen, sie erwärmt nicht nur die Luft, sondern auch unser Herz. Vor unserem Häuschen stehen ein kleiner Tisch und zwei Stühle. Wir nehmen in der Sonne Platz, genießen einfach den Augenblick und sind froh, diesen Regentag hinter uns gebracht zu haben. Ein norwegisches Taxi fährt ein paar Minuten später vor. Die uns schon wohlbekannte Taxifahrerin schleppt Annettes riesigen Koffer bis an die Treppenstufen unseres Holzhauses. Da wird die Annette also heute hier noch aufschlagen. Vermutlich kommt auch Marike, die Holländerin, die gestern eine Herberge vor unserer übernachtet hat, hier noch an. Später gesellen sich noch zwei weitere uns bis dahin nicht bekannte Pilger dazu. Ihre Namen merke ich mir leider nicht. Das Pärchen stammt aus den USA und aus Südafrika. Ein Lebenskünstlerpaar offensichtlich, die mehr oder weniger durch die Welt touren und das Leben genießen.

Sie berichten am Abendbrottisch beim Pilgermahl von ihren vielfältigen Erfahrungen auf ihren Abenteuertouren. Annette ist inzwischen auch eingetroffen und Marike sitzt ebenfalls mit am Tisch. Ingrid, unsere Gastgeberin, die neben der Gästebetreuung auch noch ganz allein einen großen Bauernhof bewirtschaftet, tischt zum Dinner richtig auf. Es ist einfach köstlich. Wir haben in unserer Runde, zu der sich später am Nachmittag auch noch Martina, eine deutsche Pilgerin aus

Berlin dazugesellt hatte, einen wunderbar unterhaltsamen Abend.

Das tut nach den Strapazen des Tages einfach gut und gibt neue Motivation für die letzten Etappen, die jetzt noch vor uns liegen. Lange sitzen wir beieinander. Ich bin dankbar dafür, dass von meinem Englischunterricht in der Schule doch noch so einiges hängen geblieben ist. So kann ich nahezu alles verstehen, was gesprochen wird, aber es fällt mir nach wie vor schwer, selbst das, was ich sagen möchte, in die richtigen Worte zu fassen. Frisch geduscht und hundemüde falle ich recht früh ins Bett. Allerdings komme ich nicht so richtig zur Ruhe. Ich fühle mich irgendwie überdreht und brauche ewig, bis ich in den Schlaf komme.

Ingrids Pilgerwunsch

Kapitel 32

Von der Pilgerherberge Meslo Gard auf den
Hof Segard Hoel

01.08.23

Heute versammeln wir uns mit unserer bunten Pilgertruppe zum gemeinsamen Frühstück um 8.00 Uhr. Wieder ist der Tisch reich gedeckt. Natürlich fehlt der uns inzwischen liebgewordene Gudbrandsdalost nicht. Er ist eine absolute Köstlichkeit und für unseren deutschen Gaumen ein neues Geschmackserlebnis.

Getreu der Bitte unserer Gastgeberin, die sie auf einem Schild im Bad kundtut: „Mach der Gastgeberin eine Freude, indem du das Haus sauberer verlässt als die Pilger von gestern.", räumen wir gründlich auf, bevor wir die Quartiere verlassen. Mit vielen guten Gedanken und dankbaren Herzens verlassen wir Meslo Gard. Unser erstes Etappenziel heute ist die Ypsilonkirche in Rennebu.

Dazu führt uns der Weg zunächst nach Voll. Das Dorf ist etwa fünf Kilometer von Meslo Gard entfernt. Wir laufen zunächst direkt an der Straße entlang. Es gibt auch eine Alternative durch den Wald, aber in Anbetracht der vielen Regenfälle in den letzten Tagen bleiben wie lieber auf sicherem Terrain. Einzig Peter will seine zerschundenen Füße schonen und lieber auf weichen Waldwegen unterwegs sein. Das sei ihm gegönnt, denn das wird heute seine letzte Etappe auf dem

Olavsweg werden. Seine Blasen an den Füßen schmerzen so stark, dass er einfach nicht mehr länger pilgern kann. Er wird von Rennebu aus mit dem Bus weiterfahren.

Heute sind wir zunächst zu dritt unterwegs. Annette und Martina brechen zeitgleich mit mir auf. Jeder läuft sein eigenes Tempo, aber an den Pausenplätzen treffen wir uns immer wieder. Davon gibt es hier allerdings nicht so viele. Die ersten vier Kilometer bleiben wir also beieinander und biegen an einer Stelle mit einem Wegweiser für einen Wanderweg in Richtung Voll ab, um doch noch ein wenig Naturweg zu erleben. Das funktioniert erst auch gut. Doch irgendwann ist der Weg zu Ende.

Wir überqueren eine Kuhwiese in der Hoffnung, am anderen Ende irgendwo wieder einen weiterführenden Weg zu finden. Den gibt es auch, aber bis dahin müssen wir gut 200 Meter durch dichte Brennnesseln. Die Hosenbeine sind nach 20 Metern bereits klitschnass, aber das kennen wir ja bereits. Zum Glück scheint heute die Sonne und es wird nicht lange dauern, dann wird alles getrocknet sein. Bald erreichen wir Voll.

Hier machen wir den ersten Stop am Joker Supermarkt, den der eine oder andere zum Einkauf nutzt. Ich brauche nichts, entledige mich nur flink meiner Hosenbeine und versuche, so viel Sonne zu erhaschen wie möglich, um sie zu trocknen. Quasi um die Ecke befindet sich das kleine Museum des Dorfes, ein Tante-Emma-Laden aus dem 19. Jahrhundert, der irgendwann aufgegeben wurde und den man so gelassen hat, wie er war. Urig und sehr rustikal ist er. Da hängen noch die Hüte unter der Decke und die alte Kasse kann man auch bestaunen, Stoffballen mit uraltem Stoff liegen für den nächsten Kunden bereit. Eine herrliche Zeitreise in die Zeit vor knapp 140 Jahren.

Im Laden gibt es einen Kaffee und etwas Gebäck sowie ein Gästebuch für alle Pilger, in dem ich mich gern verewige. Den Laden beaufsichtigt heute ein junger Mann, der uns Pilgern auch die Kirche zeigt. Es ist die älteste der fünf noch erhaltenen Ypsilon Kirchen in Norwegen. Es gibt hier also zwei Kirchenschiffe, die ein bisschen schräg voneinander stehen. Im Zentrum des Ypsilons befinden sich Kanzel und Taufstein, also eine Kircheninnenarchitektur ganz im reformatorischen Sinn. Der praktische Grund hinter dieser Form besteht einfach im besseren Blick auf das, was da im Gottesdienst zu hören oder zu sehen ist. Diese Bauform hat sich aber nicht durchgesetzt und bleibt eine Besonderheit in der norwegischen Kirchenbaukunst. Der geschnitzte Altar stammt wohl auch aus der Zeit nach der Reformation. Ein besonders interessantes Inventarstück zeigt mir einer der Kirchenältesten ein paar Wochen nach meiner Pilgertour, als ich noch einmal nach Rennebu zurückkehre, um diese besonders interessanten Kirche zu fotografieren.

Es handelt sich dabei um einen etwa zwei Meter langen runden Holzpfahl von etwa 20 Zentimetern Durchmesser mit einer geschnitzten Krone auf der Oberseite. Was es für eine Bewandnis mit diesem Pfahl hat, erzählt mir Roar, ein Mitglied des Kirchenvorstandes: In früherer Zeit war es manchmal für den Pfarrer nicht möglich, ins benachbarte Tal zu kommen, wenn eine Beerdigung notwendig war. Manchmal war er gerade krank, manchmal gaben es die Wetterbedingungen nicht her. Dann wurde der Verstorbene ohne Pfarrer begraben und man setzte auf den Sarg den Pfahl, verfüllte die Grube und bei der nächsten Gelegenheit, wenn der Pfarrer vor Ort war, wurde der Pfahl herausgezogen. Er konnte so noch den Segen über dem Verstorbenen sprechen und die drei Hände Erde werfen, wie es liturgisch üblich war. Heute ist dank vieler Tunnel und eines ausgefeilten Winterdienstes der Pfahl natürlich nicht mehr in Benutzung, aber die Gemeinde hat ihn sich bewahrt und mit ihm die Erinnerung an die damalige Zeit.

Am Meilenstein (101 km til Nidaros) vor der Kirche machen wir noch ein Gruppenfoto mit unserer kleinen Pilgergemeinschaft, bevor wir von Peter Abschied nehmen. Er wird in Trondheim bis zum Wochenende verweilen und wir werden uns dort noch einmal sehen. Bis dahin habe ich aber noch gut 100 Kilometer vor mir. Gegen 11.00 Uhr setzen wir unseren Weg fort. Ich bin nun gemeinsam mit Martina und Annette unterwegs. Die Eichsfelder Horst und Gerhard sind heute wieder einige Kilometer voraus. Segard Hoel, unser heutiges Ziel, ist ein alter und noch immer bewirtschafteter Bauernhof. Er stammt aus dem 19. Jahrhundert und im ehemaligen Wohnhaus sind heute die Pilgerinnen und Pilger untergebracht. Bis dorthin ist es aber noch eine gute Strecke. Von Voll aus laufe ich an der Straße entlang, bis der Olavsweg nach rechts abbiegt. Es geht an Wiesen und Bauernhöfen vorbei, auch an einem kleinen See, bis die Olavswegzeichen wieder in den Wald zeigen. Der weitere Weg führt auf und ab durch den Wald. Die ersten Regentropfen benetzen meine vorsorglich angezogene Regenjacke. Auch dieser Tag wird wieder sehr wechselhaft. So, wie die Strecke auch. Wir durchqueren einen verlassenen Bauernhof, bahnen uns einen Weg durch die Brennnesseln und Büsche. Viele Pilger sind hier in den letzten Tagen nicht unterwegs gewesen. Danach verläuft der Weg wieder an einer Hangkante entlang.

Der Regen macht aus dieser Waldstrecke allerdings einen schwer begehbaren Abschnitt. Erst geht es stetig und steil bergauf, nach einigen Kilometern wieder über steiles und rutschiges Geläuf bergab. Bäche kreuzen die Strecke und müssen überwunden werden. Manchmal kraxele ich auf allen Vieren über die Felsen. Aber das macht mir nicht so viel aus. Solange es nicht durchgehend bergauf geht, habe ich keinerlei Probleme mit der Kondition. Inzwischen bin ich fit und eingelaufen, wie es in der Pilgersprache heißt.

Als dann nach etwa halber Strecke, also gut zehn Kilometern, ein Pilgercafé direkt am Weg zur Pause einlädt, setze ich gern meinen Rucksack ab und betrete den hellen, freundlichen Raum. Horst und Gerhard sitzen schon an einem voll besetzten Tisch. Martina hat ebenfalls bereits einen Platz gefunden. Ich bestelle mir einen Kaffee und eine Waffel und setzte mich zu ihr. Dieser stetige Wechsel von sich verabschieden und wiedertreffen beim Pilgern ist wirklich kurios. Marike ist heute auch irgendwo hinter uns unterwegs. Wir werden sie wohl erst zum Abend in Segard Hoel wiedertreffen. Die Ruhe und den geschmackvoll eingerichteten Raum genießend, sehen wir schon von Weitem Annette anstapfen. Sie geht aber vorbei und hat offenbar noch Kraft.

Nach einer guten halben Stunde brechen auch Martina und ich wieder auf. Wir werden die zweite Hälfte des Tages wohl gemeinsam absolvieren. Nach einer ganzen Weile ohne Regen öffnet Petrus plötzlich wieder seine Himmelsschleusen. Ich stelle mich unter einen dichten Baum. Ein richtig schwerer Landregen geht für einige Minuten nieder. Es dauert etwas, aber irgendwann wird es tatsächlich wieder hell, ich kann weitergehen und treffe wieder auf Martina. Es geht weiter über den ermüdenden Schotterweg, der dann wieder in den Wald mündet. Noch einmal wird es knifflig auf schmalen Pfaden hinauf und hinab. Doch auch das ist irgendwann geschafft. Der Weg mündet auf die Straße und läuft nun ein Stück an einem breiten Lachsfluss entlang. Es ist wieder Zeit für eine Pause. Ich packe meine Lunchbrote aus und lasse sie mir in einem Buswartehaus schmecken, was mir auch zu ein wenig Trocknung verhilft. Ein Hoch noch einmal auf Ingrid, unsere gestrige Gastgeberin!

Martina kommt kurz nach mir aus dem Wald und wir laufen wieder ein Stück gemeinsam am Fluss entlang. Der eine oder andere Lachsfischer steht mit seiner Zweihand - Fliegenrute im Wasser und versucht sein Glück, einen großen Lachs zu fangen. Viel Zeit bleibt nicht, hier zuzuschauen und zu verweilen, denn dunkle Regenwolken kündigen weiteren Regen an. So laufen wir kräftigen Schrittes die letzten etwa vier Kilometer immer Richtung Segard Hoel.

Kurz vor dem Bauernhof hat eine nette norwegische Familie einen kleinen Pilgerrastplatz mit Kühl- und Gefrierschrank an der Straße eingerichtet. An dem Eisangebot kann ich nicht vorbei und genehmige mir ein Pilgereis aus dem Gefrierschrank. Als Pilger sollte man also immer auch etwas Bargeld in der Tasche haben! Martina mag kein Eis. Sie hält es hier nicht mehr und ich folge ihr ein paar Minuten später. Die Abzweigung, von der aus es noch etwa 500 Meter bis zum Hof sind, ist nicht zu übersehen. Liebevoll ist der Wegweiser gestaltet und ich bin froh, mit den ersten Regentropfen doch noch gerade rechtzeitig den Hof und die Pilgerherberge zu erreichen. Kurze Zeit später bricht der Monsun wieder aus. Es regnet kräftig und andauernd. Annette kommt etwa eine halbe Stunde später ziemlich durchnässt an der Herberge an.

Am Abend gesellt sich Marike noch zu unserer Runde dazu. Meine Garminuhr gibt am Ende 24,5 Kilometer als Tagesdistanz an. Nun sind wir dabei, uns einzurichten, drei gestandene 60+ Mannsbilder und drei Frauen. Mit dieser „Gang" wird es die nächsten vier Tage gemeinsam nach Trondheim gehen. Irgendwie fühlt sich das merkwürdig an, dass in wenigen Tagen alles vorbei sein soll. Auf der anderen Seite ist es unfassbar, wenn ich auf der Karte sehe und begreife, wie viele Kilometer ich inzwischen per Pedes zurückgelegt habe.

Die Ypsilonkirche in Rennebu

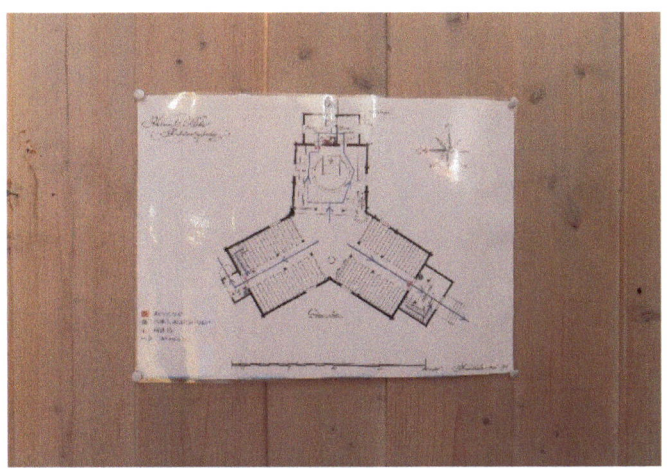

Unsere Pilgermannschaft für die letzten Tage an der Kirche in Rennebu - von links: Martina, Gerhard, Peter, Ich, Annette, Horst

Kapitel 33

Vom Hof Segard Hoel nach Gumdal – Bauernhofhopping

02.08.23

Mit der heutigen viertletzten Etappe vom Bauernhof Segard Hoel nach Gumdal wird der Endspurt meines Olavsweges eingeläutet. Noch einmal laufen wir ein Stück entlang der Orkla. Von der Straße aus wird der Wegverlauf immer wieder auf den Hang in den Wald und dann auf schönen weichen Waldwegen entlang des Hanges geführt, bis es wieder hinab zur Straße geht. Dabei bieten sich immer wieder schöne Blicke in die weite Landschaft hinein. Auch wenn längst nicht so spektakulär wie im Fjell oder im Gudbrandstal, so habe ich doch auch diese Landschaft kurz vor dem Ziel lieben gelernt.

Ich bin heute allein unterwegs, gehe meinen eigenen Weg und nutze dabei auch die eine oder andere Alternativroute. Mir tut das gut, wieder ganz allein mit mir zu sein, so schön das auch ist, mit anderen gemeinsam gehen zu können. Martina holt mich kurz vor Meldal ein, als ich gerade eine kleine Pause im Schatten eines Buswartehäuschens mache. Sie läuft aber weiter und wir verabreden uns, an der Kirche in Meldal wieder aufeinander zu treffen. Sie ist heute das erste Etappenziel. Die Kirche wurde erst in den 90er Jahren wieder neu errichtet, nachdem die alte Vorgängerkirche 1988 abgebrannt war. Mit einem Fahrstuhl und Toilettenbereich im Keller ist beim Wiederaufbau an alles gedacht worden, was den heutigen Ansprüchen genügt. Auch eine Küche gibt es im Keller. Ein paar gerettete Gegenstände aus dem alten Kirchengebäude finden sich im Eingangsbereich an der Wand.

Ansonsten wurde die Kirche ganz im alten Stil nach dem Brand wieder neu hergestellt. Prachtvoll ist das viele Gold. Die Kronleuchter glänzen. Wer nicht genau hinschaut, erkennt nicht, dass es eine neue Kirche ist. Die Bilder an der Emporenbrüstung sind nach den alten Vorbildern neu gemalt worden. Das hat wohl ein Lehrling gemacht, der noch nicht so versiert war, denn fast alle abgebildeten Personen auf den Bildern haben dasselbe Gesicht. Mir ist es ein wenig zu viel Prunk. Ich liebe eher die zurückhaltenden Kirchen, die nicht so reich geschmückt sind. In Meldal gibt es neben einer kleinen und einfachen Pilgerunterkunft im ehemaligen Pfarrgarten gegenüber der Kirche auch eine Bank mit Geldautomaten. Das gibt die Gelegenheit, die eigenen Bargeldvorräte aufzufrischen. Das ist mal wieder nötig. In den Herbergen wird in der Regel cash bezahlt, obwohl in Norwegen sonst nahezu alles mit der Karte beglichen wird.

Gegenüber der Bank befindet sich der Spar Supermarkt und dort besorge ich mir einen letzten Vorrat Müsli und Joghurt für das Frühstück der nächsten Tage. Damit habe ich jetzt wohl bis Trondheim ausgesorgt. Wir sitzen zu sechst ein paar Minuten im Schatten der Bäume an einer Picknickbank mitten im Ort. Nach und nach sind alle eingetrudelt. Hier müssen wir wieder Abschied nehmen, denn Marike und Annette werden in einer anderen Herberge, bereits in Lokken Verk, übernachten. Sie teilen die heutige mit 32 Kilometern sehr lange

Etappe in zwei überschaubare und kommen dann erst am Sonntag in Trondheim an.

Ich habe mir eine andere Taktik zurechtgelegt. Martina und die beiden Thüringer werden die gesamte Strecke an einem Tag laufen. Ich lasse sie ziehen und beschließe, bis Lokken Verk zu trampen. Diese kleine Stadt beherbergt eine alte Erzgrube und hat viele Jahrzehnte davon gelebt. Heute ist sie ein Museum. In der Grube werden nicht nur Führungen, sondern auch Konzerte angeboten. Auch die alte Bahnstrecke für den Erztransport bis zum Hafen in Orkanger gibt es noch. Leider bleibt keine Zeit für einen Besuch.

Das hebe ich mir für später auf. Ich strecke also meine Hand heraus und das dritte Auto hält. Der nette Norweger bringt mich die nächsten acht Kilometer voran in Richtung Trondheim. Auf diesem Abschnitt verläuft der Weg im Wesentlichen oberhalb der Straße, mal rechts und mal links davon auf Schotterwegen, mitunter auch ein Stück im Wald. Im Café in Løkken lasse ich mir einen Cappuccino munden. Einen Stempel für den Pilgerausweis gibt es auch.

Gut gestärkt mache ich mich auf den Weg. Es liegen noch einmal zehn Kilometer vor mir. In Lokken verläuft der Pilgerweg für ein paar Kilometer an der Straße entlang, bevor es wieder rechts auf einen Schotterweg und bergauf geht. Ich bedaure es, keinen richtigen Fotoapparat dabei zu haben, denn immer wieder bieten sich wunderbare Fotomotive für Landschaftsfotos an. Einsam laufe ich auf abgelegenen Wegen durch Wald und Flur. Doch nach dem Hinauf kommt wieder das Herunter. So ist es auch heute oft, denn nach dem Höhenweg steht der steile Abstieg an. Hinunter laufe ich bis zu einem

Bach. Ihn quert eine Brücke und nur wenige Meter davon entfernt entdecke ich den nächsten Meilenstein.

Er steht an einem Gedenkstein, der an die alte Erzgrube erinnert. Nur noch 61 Kilometer sind es jetzt bis zum Ziel. Immer wieder kommt bei mir so ein wenig Traurigkeit auf. Auch wenn ich manchmal geflucht und gestöhnt habe, an die Grenze meiner Kraft geführt wurde, es war bis hierher eine aufregende Zeit und eine Herausforderung für Körper und Geist gleichermaßen. Heute sind es vor allem die letzten beiden Kilometer, die noch einmal Kräfte zehren, denn das Tagesziel, wieder ein Bauerngehöft mit dem Namen Gumdal, liegt ganz oben auf dem Berg. So schlimm und beschwerlich, wie im Pilgerführer beschrieben, ist es aber nicht.

Ich bin nicht der erste Pilger heute in der Gumdaler Herberge. Ein norwegisches Ehepaar kam schon vor mir an. So darf ich mir unter den noch freien Betten eines aussuchen. Ich wähle ein unteres Doppelstockbett und bin gespannt, wer von den anderen Dreien, die noch zu erwarten sind, sich das mit mir teilen wird. Als Nächstes muss ich die „große Wäsche" absolvieren und hoffe, dass alles noch trocknet, bis der angekündigte Regen am Abend kommt. Ich genieße die Ruhe und die Zeit allein. Die Norweger haben sich in ihrem separaten Zimmer anscheinend hingelegt und schlafen. Etwa zwei Stunden nach mir kommt Martina an. Sie ist groggy und sichert sich erst einmal das zweite Unterbett. So werde ich also mit Horst oder Gerhard das Vergnügen haben. Na gut, das ging ja schon einmal ganz prima vor ein paar Tagen in Haeverstolen. Der Hof in Gumdal liegt auf der Spitze eines Berges und von hier aus haben wir einen schönen Panoramablick in die Landschaft. Ein paar Kühe grasen unweit von unserem Pilgerhaus und wir sind sehr zufrieden mit dieser kleinen, aber feinen Unterkunft. Ein alkoholfreies Pilgerbier aus dem Kühlschrank mundet köstlich. Ich lege mich gemeinsam mit Martina noch für ein paar Minuten auf die Liegestühle in die Sonne. Wir genießen den lauen Sommerabend. Horst und Gerhard kommen auch bald dazu. Sie sind sichtlich geschafft von den mehr als dreißig Kilometern.

Für mich hat es heute auch so gepasst, wie es war und ich freue mich nun auf die letzten drei Etappen. Wir werden ab morgen die Straßen verlassen und wieder viel in der Natur unterwegs sein. Darauf freue ich mich schon sehr.

Auf dem Weg nach Gumdal

Kapitel 34

Von Gumdal nach Skaun – Durch das Hochmoor
03.08.23

Heute liegen nach den Angaben des Pilgerführers, in dessen Arithmetik ich seit der letzten Woche wieder drin bin, etwa 21 Kilometer vor mir bis zum Gemeindehaus in Skaun. Nicht so viel, aber es geht doch auch wieder gut und viel in die Höhe. Ich starte als Erster. Irgendwie bin ich hier auf der Pilgertour zum Frühaufsteher geworden. Die frühen Morgenstunden gehören ganz mir allein und ich bin froh, wenn ich bis gegen 11.00 Uhr schon die halbe Tagesdistanz geschafft habe. Erfahrungsgemäß fallen mir die letzten fünf Kilometer besonders schwer und kosten viel Zeit und Kraft. Vom Bauernhof in Gumdal aus folge ich zunächst dem Schotterweg, der sich etwa eine halbe Stunde am Berg entlangschlängelt, bis die Strecke nach rechts abbiegt. An einem Schießplatz entlang führt der Weg fast bis zum Schluss der Tagesetappe in den Wald hinein. Am Schießplatz gibt es auch eine Herberge für Pilger. Sie ist aber irgendwie aus dem offiziellen Plan gestrichen worden. Ich kann allerdings im Vorübergehen dort verschiedene Zelte entdecken und sehe auch Menschen im Gebäude. Es ist nach einem ersten recht schweißtreibenden Anstieg sehr angenehm, hier zu laufen. Immer wieder geht es auf und ab, ich laufe viel auf weichem Waldboden, bis der Pilgerweg an einem malerischen See vorbei und danach ins Moor führt. Aus den Pilgerführern kenne ich diese Bilder.

Holzplanken zeigen den begehbaren Weg und bewahren den Pilger immer wieder vor allzu nassen Schuhen. Zum Glück war es hier in den letzten Tagen halbwegs trocken, so bleibe ich vor ähnlichen Gegebenheiten wie im Fjell verschont. Es ist den ganzen Tag über eine landschaftlich reizvolle Strecke. Nur eine Pilgerbank könnte auch hier immer wieder einmal stehen. Das war im ersten Drittel des Olavsweges besser gelöst. Dennoch wird mein inniger Pilgerwunsch nach ein paar Kilometern erfüllt. Erst sehe ich einen Wasserhahn mit Olavswegzeichen. Hier kann ich mein Wasser auffüllen. Das tut nach den ersten zehn Kilometern gut. Nur 100 Meter weiter steht auf der Wiese ein opulenter Gapahuk mit zwei bequemen Ledercouchs und lädt zum Verweilen oder sogar zum Übernachten ein. Im Gästebuch finde ich viele bekannte Namen aus den ersten Pilgertagen. Auch die beiden Brandenburger Micha und Frank sind hier vor einigen Tagen gewesen. Ich mache es mir auf der Pilgercouch bequem, esse ein paar Nüsse, die ich noch in den Tiefen des Rucksackes finden konnte und genieße einfach diesen Moment der Erholung. Nüsse als Energielieferanten habe ich in den Pilgerwochen sehr zu schätzen gelernt. Die norwegischen Nussmischungen sind zwar sehr teuer, aber schmecken lecker.

Nur ein paar Minuten später kommen Horst und Gerhard auch hier an. Sie wollen aber offensichtlich nicht länger bleiben und machen sich bald wieder auf den Weg. Ich folge ihnen wenig später. Bald hole ich sie ein. Horsts gelber Rucksacküberzug ist schon von Weitem zu erkennen. So sind wir also zu dritt ein ganzes Stück gemeinsam auf dem Weg. Die Bergabpassage danach läuft sich wider Erwarten sehr gut, nur die letzten Kilometer an der Straße bis ins Ziel sind wieder eine Tortur für die Füße. Kurz vor Skaun nehme ich den direkten Weg an der Straße und komme so etwas vor den beiden an der Kirche an. Das Kirchendach wird gerade gedeckt. Die Kirche ist komplett eingerüstet. Es ist gegen 14.00 Uhr.

Ich sondiere die Lage, sehe aus der Ferne auch gleich das Gemeindehaus der Kirchengemeinde, setze mich aber erst einmal für einige Minuten in den Schatten einiger Birken auf eine Friedhofsbank und beobachte die fleißigen Dachdecker. Gut erholt überquere ich die Straße und stehe vor dem verschlossenen Gemeindehaus.

Die Telefonnummer der Ansprechpartnerin für die Pilgerunterkunft in Skaun ist schnell gefunden. So rufe ich die ältere Dame gleich an und sie verspricht, sich auf den Weg zu machen. Vor dem Gemeindehaus steht der Meilenstein 38 Kilometer til Nidaros. Kurz bevor die Dame erscheint, kommen Horst und Gerhard die Straße entlanggeschlendert. Sie wundern sich, mich hier anzutreffen. Die ältere Dame kommt wenige Minuten später. Sie ist sehr nett und erklärt uns die Spielregeln der Herberge. Heute kommt hier wohl noch eine deutsche Pilgergruppe an, außerdem noch ein paar Solopilger. Der Saal wird also gut gefüllt sein. Das Matratzenlager ist aber gut bestückt und so wird der Platz sicher für alle reichen. Wir bauen zunächst unsere Klappliegen auf und richten uns ein. Ich dusche noch schnell. Kurze Zeit später trifft der Gepäcktransport der Pilgergruppe aus Deutschland ein. Die Betten der Pilger werden vom umtriebigen Fahrer vorbereitet. Er ist ein bisschen übermotiviert und macht für meinen Geschmack in bisschen zu viel Wind. Da müssen schon mal ein paar Liegen verstellt werden, damit die Schlafordnung der Gruppenpilger eingehalten werden kann. Na gut, auch solche Begegnungen gehören zum Pilgerdasein dazu. Die Pilger aus einer Gemeinde im westlichen Mecklenburg sind jedenfalls dankbar, dass ihre Betten bereits gerichtet sind, als sie am späten Nachmittag ankommen. Sie absolvieren nicht den ganzen Olavsweg, sondern suchen sich sozusagen ein paar Perlen heraus und überspringen dann mit dem Kleinbus auch wieder größere Passagen. Am Abend kommt der Ehemann der alten Dame, die uns ins Haus gelassen hat, und zeigt uns die Kirche. Wir feiern eine kleine Andacht mit der Pilgergruppe. Die ist auch sehr stimmungsvoll und mit schönen mehrstimmigen Gesängen aus Taizé gewürzt.

Mein Amtskollege aus Mecklenburg gestaltet die Andacht mit seiner Frau, die als Kirchenmusikerin auch meisterlich das Klavier bedient. Das ist eine Besonderheit in Norwegen. Ich habe bis hierher, glaube ich jedenfalls, in Norwegen in jeder Kirche ein Klavier oder einen Flügel stehen sehen. Kirchenmusik, auch moderne, scheint hier einen großen Stellenwert zu besitzen. Gemeinsam versuchen wir nach der Andacht in den Schlaf zu finden, hier und da grunzt es, kein Wunder bei fast 20 Menschen in einem Raum, aber irgendwann kann ich dank meiner Ohropax dann doch einschlafen.

Moorsee am Wege

Auf sicheren Pfaden durch Hochmoor

Kapitel 35

Von Skaun nach Sundet Gard – Fährmann hol über

04.08.23

Nach einer recht kurzen Nacht wache ich etwas gerädert auf, muss mich ein bisschen sortieren. Die ersten Pilger hantieren schon in der Gemeindehausküche. Da wird hier ein Porridge gekocht und da werden Brötchen in den Backofen geschoben. Ich habe noch etwas Müsli und veredle es mit einem Apfel, den ich heute früh noch in meinem Rucksack gefunden habe. Milch gibt es glücklicherweise im Pilgerkühlschrank und so bleibt kein Wunsch unerfüllt. Ich kann mich gemeinsam mit Martina und den beiden Eichsfeldern auf den Weg der vorletzten Etappe begeben. Wieder liegen gut 20 Kilometer Wegstrecke vor uns. Im Pilgerführer habe ich von Hochmoorpassagen gelesen, die es auch auf dieser Etappe gibt. Da bin ich schon sehr gespannt, wie wir es dort antreffen werden. Zunächst einmal ähnelt der Beginn der Etappe sehr der gestrigen. Wir verlassen das Gemeindehaus, nachdem wir noch ein paar nette Zeilen ins Gästebuch geschrieben haben. Es geht über den Parkplatz zum benachbarten Supermarkt. Dort kaufe ich noch ein paar Notfallriegel für die Energiezufuhr und gegen die Unterzuckerung. Dann geht es auf die Straße. Diese zweigt nach wenigen Metern nach rechts ab. Von dieser Abzweigung an liegt wieder einmal der „Warmmacher" vor den Pilgern, ein mehrere Kilometer langer Anstieg.

Schnell sind die anderen drei aus meinem Sichtfeld verschwunden.

Ich bin wie immer sehr langsam unterwegs und mache viele Pausen, damit sich mein Puls beruhigen kann. Aber mittlerweile geht es doch recht zügig für meine Verhältnisse. Bald erreiche ich den Scheitelpunkt. Weiter geht es immer geradeaus. Ich genieße den schönen Blick in die Landschaft, wenn ich mich hin und wieder umdrehe. So trotte ich den drei vor mir laufenden Mitpilgern ein ganzes Stück hinterher. Immer wieder laden teilweise auch in die Jahre gekommene Pilgerbänke mitten im Wald zum Verweilen ein. Neben Passagen durch den Wald gibt es immer wieder kurze Abschnitte auf Schotter. Es ist noch einmal eine Etappe zum Genießen, auch wenn es stetig nach oben geht. Ich muss mich sehr konzentrieren, weil der Pfad teilweise doch sehr eng ist. Außerdem gibt es so manche Stolperfalle. Besonders schön sind die nun folgenden Kilometer durch das Hochmoor und die abgeholzten Bereiche mit vielen interessanten Pflanzen am Wege. Der Rucksack von Gerhard, etwa 50 Meter vor mir, lenkt meinen Schritt. So erkenne ich immer in etwa die grobe Richtung.

Die beiden Pilgerfreunde aus Thüringen habe ich inzwischen nach ihrer ausgiebigen Brotzeit eingeholt und so gehen wir durch das Hochmoor ein Stück gemeinsam. Martina ist kurz hinter mir unterwegs. So sortiert sich unsere Pilgerschar immer wieder neu. Die Pilgergruppe aus Mecklenburg-Vorpommern wird sicher mindestens eine Stunde zurück sein. Die Nordlichter hatten es am Morgen nicht eilig. Ich bin heute gut unterwegs und erreiche den höchsten Punkt des Tages nach einer langen, aber schönen Kraxelei schon am späten Vormittag.

Von nun an geht es nur noch bergab. Gegen halb elf tut sich der Wald nach einem langen und technisch schwierigen Abstieg plötzlich auf. Der Trondheimfjord kommt in den Blick. Welch ein erhebender Moment! Endlich wieder das Meer sehen, nach fast sechs Wochen. Das ist schon bewegend. Nun führt der Weg hinab bis auf Meereshöhe über mehrere Kilometer zunächst noch im Wald und dann auf der Straße. Das ist zwar nicht so anstrengend, aber meine Knie beschweren sich doch irgendwann. Die Hüften auch, aber die sind den Kummer inzwischen gewöhnt.

Auf den letzten Metern verlaufe ich mich doch tatsächlich noch. Offenbar bin ich so fasziniert von dem Blick auf den Fjord, dass ich eine Abzweigung ins Grüne verpasse und nun doch einen Umweg über die Straße machen muss. Aber zur Belohnung habe ich über die ganze Strecke einen wunderbaren Blick aufs Meer.

In Buvika warte ich an einer Bank mit Seeblick auf Martina, die an der richtigen Stelle abgebogen war und bald in Sicht ist. Bis zum Abzweig zur Kirche in Buvika laufen wir gemeinsam. Den Abstecher zur "kleinen Version" des Gudbrandstalsdoms mache ich allein. Die Kirche in Buvika ist auch achteckig und im Vergleich zur großen Kirche im Gudbrandstal sehr klein. Leider ist sie verschlossen und es gib auch keinen Stempelkasten. Hier scheinen sich schon alle Blicke gen Nidaros zu richten. Na gut, dann geht es ohne Stempel weiter. Mein zweiter Pilgerausweis ist ohnehin schon gut gefüllt. Die Strecke durch Buvika zieht sich sehr in die Länge, normalerweise führt der Weg am Ortsausgang noch einmal in die Höhe. Ich wähle den alternativen Weg an der Straße, vor allem auch, weil sich vom Fjord her eine gewaltige Regenfront nähert. Das nächste Zwischenziel, das Café auf dem Campingplatz in Oysand, ist immer noch eine knappe halbe Stunde entfernt. Martina fürchtet sich vor dem Verkehr auf der engen Küstenstraße und wählt den originalen Weg. Sie treffe ich erst im Café wieder. Als sie eintrifft, windet es schon kräftig und der Regen peitscht mit Wucht gegen die Glasfassade des Gebäudes. Wir sitzen hinter der Scheibe und betrachten das Naturschauspiel mit einer heißen Tasse köstlichen Kaffee in der Hand.

Es ist gegen 13.00 Uhr, wir haben noch viel Zeit, denn unseren Fährmann, der uns über die Gaula mit seinem Ruderboot zum heutigen Quartier bringen wird, dürfen wir erst ab 14.30 Uhr anrufen. So lassen wir es hier ruhig angehen und teilen unsere letzten Schokoladenvorräte. Bald kommen auch Horst und Gerhard dazu, die auf dem Campingplatz übernachten werden. Wir sitzen in dieser Runde ein letztes Mal beieinander. Wieder macht sich ein wenig Wehmut breit. Bald ist diese Pilgerzeit vorbei. Morgen werden wir in Trondheim ankommen. Wir verabschieden uns und hoffen, uns in Trondheim spätestens am Sonntag zum Gottesdienst wiederzusehen. Der Regen lässt irgendwann nach. Wir marschieren nun zu zweit direkt an der Küstenlinie entlang noch die zwei Kilometer bis zur Anlegestelle. Martina ruft John Wanvik, unseren Fährmann und heutigen Gastgeber an. Er verspricht, uns alsbald abzuholen. John Wanvik ist so etwas wie ein Urgestein, eine Institution auf dem Olavsweg.

Seine Herberge auf dem alten Bauernhof ist die letzte vor Trondheim. Viele Pilgerinnen und Pilger übernachten hier Jahr für Jahr. Der Bauernhof liegt auf der anderen Seite der Gaula, die an dieser Stelle ins Meer mündet. Deshalb müssen die Gäste mit dem Boot abgeholt werden. Die täglichen Rudereinheiten, jeweils etwa 300 Meter, absolviert John gern. Wie lange er das noch machen wird, ist ungewiss. Seine Kinder haben kein Interesse daran, dieses Geschäft und auch den Hof weiterzuführen. So wird diese wunderbare Herberge wohl bald der Geschichte angehören. In Sundet Gard, so heißt sein Hof, wird abends gekocht. Mit seiner Frau Karon serviert uns John in norwegischer Tracht am Abend eine leckere Pilgersuppe und frischen Salat. Da mangelt es an nichts. Martina und ich sitzen gemeinsam mit der Pilgergruppe aus Mecklenburg-Vorpommern am Tisch und lassen uns verwöhnen. Der Abend wird dann nicht mehr allzu lang. Wie immer legt sich das müde Pilgerhaupt bald zur Ruhe. Morgen steht die letzte Etappe bevor. Die hat es auch ins sich, wenn man dem Pilgerführer Glauben schenken soll. Martina und ich bekommen einen separaten Schlafplatz im Wohnhaus zugewiesen, während die Pilgergruppe im alten Speicherhaus unterkommt. Es dauert nicht lange, bis wir in einen seligen Schlaf fallen.

Der Fjord in Sichtweite

Fährmann und Gastgeber John Wanvik in
seinem Element

Kapitel 36

Von Sundet Gard nach Trondheim – Auf nach Nidaros!

05.08.23

Gut erholt und frisch geduscht sitzen wir alle gemeinsam um 8.00 Uhr am Frühstückstisch. Auch der ist wieder liebevoll gedeckt. Frische Eier, verschiedenerlei Käse, Wurst, Müsli und Milch. Alles, was das Pilgerherz begehrt. Auch unsere Lunchpakete können wir uns nach eigenen Vorstellungen und Neigungen packen. John und Karon erweisen sich als perfekte Gastgeber. Deshalb wird auch der nicht unbedingt günstige Preis für das Gesamtpaket gern entrichtet. Die Gespräche am Frühstückstisch verlaufen etwas zäh. Richtig gesprächig sind die Mecklenburger nicht. Wir machen uns bald auf den Weg. Martina und ich starten gemeinsam. An der Straße entlang führt der Weg über etwa zwei Kilometer zunächst in Richtung Süden. Wir sind ein Stück abseits des eigentlichen Pilgerwegs und müssen ihn erst einmal wieder erreichen. Ich bin gespannt, ob wir Horst und Gerhard heute noch begegnen. Irgendwie fehlen sie mir.

Nach den beiden Kilometern zu Beginn biegen wir auf den Pilgerweg nach links ab. Es steht wieder der berühmte Anstieg am Morgen auf dem Programm. Am Straßenrand sehe ich ein Schild, das auf eine 16%ige Steigung hinweist. Na gut, es ist der letzte Tag, jetzt schaffe ich das auch noch. Dennoch brauche ich wieder meine Zeit, um den Weg nach oben auf die

Höhe zu schaffen. Die Verschnaufpausen nutze ich für einen Blick zurück auf den Fjord, der noch etwas im Nebel liegt. Es wird hier langsam herbstlich in Norwegen, das ist deutlich zu spüren. Martina erwartet mich schon auf dem Berg und gemeinsam laufen wir weiter auf der Schotterstraße. Nun führt sie nur noch leicht bergan, bis wir von Weitem schon eine Felswand mit einem riesigen Tor davor erspähen. Geht es dort irgendwo entlang? Wir finden das kleine Olavswegzeichen, welches uns nach links in den Wald führt, erst sehr spät. Aber wie fast überall ist auch hier der Weg sehr schön gekennzeichnet. So sind wir auf der richtigen Spur. Es wird wieder knifflig und geht stetig weiter bergan. Trittsicherheit wird mal wieder großgeschrieben. Auf schönen schmalen Pfaden steigen wir zunächst weiter nach oben.

Der letzte Meilenstein vor der Stadt

Ich komme ins Schwitzen und mein T-Shirt ist komplett durchnässt, als wir am Meilenstein 14 km til Nidaros stehen. Dieser Meilenstein mitten im Wald und an einem schmalen Pfad gelegen ist ein willkommener Anlass zu einer kleinen Pause. Schnell schießen wir ein paar Fotos. Diesmal wird es nicht nur ein Selfie, sondern quasi ein Ganzkörperporträt, das Martina von mir schießt. Ich bin verschwitzt, der Hut sitzt schief, aber heute ist das alles egal. Nach dem Meilenstein ist der höchste Punkt des Tages bald überschritten und langsam, aber sicher kommen wir der Stadt näher.

Diese letzte Etappe macht den Anschein, als wolle sich der Olavsweg mit allem verabschieden, was diesen Weg geprägt hat. Wir müssen an mehreren Stellen Zauntreppen überwinden, wie wir sie zuhauf im Gudbrandstal überquert haben.

Es ist nicht bald geschafft

Wir laufen streckenweise auf Holzbohlen, wie auf den zurückliegenden Etappen im Hochmoor. Es geht über Stock und
Stein durch den Wald und immer wieder auch auf Schotterstraßen. Wir überqueren Holzbrücken und laufen auf der Asphaltstraße. Irgendwann kommt die große Stadt in der Ferne
in den Blick. Meine Augen werden feucht. Da liegt sie, die
Stadt, greifbar nahe, nachdem sie vor Wochen noch so weit
entfernt war. Und dennoch sind es auch heute noch fast 10
Kilometer, die vor uns liegen. Wir sind nun schon etwas urban
unterwegs. Die Streckenführung verläuft, solange es möglich
ist, stadtnah in der Natur. Hier führen die Bewohner dieses
Stadtteils im Westen Trondheims ihre Hunde Gassi. Hier jog-
gen die Sportlerinnen und Sportler am Wochenende. Heute
scheint auch irgendein Sportevent stattzufinden. Wir begegnen vielen Menschen mit Klappstühlen, andere scheinen sich
mit Zetteln in der Hand warmzulaufen. Wenig später löst sich
das Rätsel. Heute und an diesem Wochenende finden in und
um Trondheim herum Wettkämpfe im Orientierungslauf
statt. Die Norweger sind ein sportliches Völkchen. Immer
wieder bin ich auf dem Weg Joggern oder Rollskifahrern begegnet. Bevor es so richtig in die Stadt hineingeht, rasten
Martina und ich noch auf einem kleinen Parkplatz am Stadtrand. Die letzten Lunchbrote werden verspeist. Auch das mit-
gebrachte Frühstücksei aus Sundet Gard findet seine Verwen-
dung. Plötzlich kommen zwei uns wohlbekannte Wanders-
männer um die Ecke. Da sind wir also doch wieder zusam-
mengeführt worden! Zu viert bewältigen wir nun den Ziel-
spurt. Doch bis Nidaros sind noch etliche Kilometer zu überwinden. Die Streckenführung durch die Stadt ist nicht so

recht nachvollziehbar. Wahrscheinlich wegen des schönen Blickes auf den Dom werden die Pilger noch auf eine Schleife zu einem besonderen Viewpoint auf den Nidarosdom geschickt. Horst und Gerhard machen es pragmatisch, kürzen ab und gehen den direkten Weg. Martina und ich drehen die Ehrenrunde zum Viewpoint.

Nur zwei Kurven weiter sage ich Martina „Adieu", denn mein heutiges Übernachtungsdomizil liegt quasi auf dem Weg. Bei Henry habe ich über Airbnb ein Bett gebucht. Leider war im Pilgerzentrum kein Bett mehr für mich frei. Aber auf diese Weise kann ich meine letzten Pilgerkilometer ohne den immer noch schweren Rucksack absolvieren. Frisch geduscht und ohne Gepäck spaziere ich die letzten 2,5 Kilometer allein bis zum Dom und zum Pilgerzentrum. Der große Moment löst in mir nun doch nicht die Emotionen aus, die ich vermutet hatte. Ich bin einfach froh und vor allem dankbar, meine Pilgerstrecke geschafft zu haben. Zuerst suche ich den Meilenstein auf. Hier sehe ich sofort ein mir vertrautes Gesicht. Der Gepäckwagenfahrer der Mecklenburger Pilgergruppe sitzt auf der Bank direkt vor dem Meilenstein und wartet offensichtlich auf seine Leute, die wohl auch jeden Moment eintreffen können. Ich frage ihn, ob er mich ein bisschen fotografieren könne. Das macht er gerne. Nach der kurzen Fotosession führt mich mein Weg um den Dom herum zum Pilgerzentrum. Ich verzichte auf die übliche dreimalige schweigende Umrundung des Domes. Das dürfen Horst und Gerhard niemals erfahren!

Mein Weg führt mich direkt in das Pilgerzentrum. Das befindet sich schön gelegen hinter dem Dom an einem Kanal, der zum Hafen und in den Fjord führt.

Hier bekomme ich von den gut deutschsprechenden Damen im Pilgerzentrum die letzten Stempel, oder besser gesagt, die Olavsweg - Goldmedaillie in meinen Pilgerausweis geklebt und den Olavsbrief ausgehändigt. Auch eine Stecknadel darf ich auf der großen Karte im Pilgerbüro verewigen. Nun ist meine Heimatstadt mit einer blauköpfigen Stecknadel auf der großen Europakarte vertreten. Aus Sachsen-Anhalt waren noch nicht viele Pilger in diesem Jahr dort. Im Café des Pilgerzentrums treffe ich auf Peter, der inzwischen seine Füße kuriert hat und sich langsam auch auf die Heimreise vorbereitet. Nach einem kurzen gemeinsamen Gang auf die Bier- und Foodmesse im Stadtzentrum versammelt sich die ganze Pilgerschaft um 18.00 Uhr noch einmal zur Pilgerandacht in einer Seitenkapelle des Domes. Morgen besuchen wir alle gemeinsam die Messe. Dieser stimmungsvolle Gottesdienst wird dann das Ende unserer Pilgerschaft besiegeln.

Endlich angekommen!

Das Objekt der Begierde - der Olavsbrev

Kapitel 37

Abschlussgottesdienst im Nidarosdom

06.08.23

Sonntags wird landauf landab in Norwegen um 11.00 Uhr Gottesdienst gefeiert. Das scheint die Hauptanfangszeit zu sein. Der Nidarosdom ist in seiner Bedeutung vielleicht mit dem Berliner Dom oder dem Dom in unserer Landeshauptstadt Magdeburg zu vergleichen. Wenn die Glocken sonntags erklingen, strömt es aus allen Richtungen in dieses wunderbare Gotteshaus. Es gibt verschiedene musikalische Gruppen, die die Gemeinde Sonntag für Sonntag durch den Gottesdienst führen. Vor sechs Wochen konnte ich den Mädchenchor erleben, heute singt ein kleiner gemischter Kammerchor von vielleicht zehn Sängerinnen und Sängern. Schon recht früh stehe ich in meiner Airbnb Übernachtungsgelegenheit auf. Immerhin liegt ein gut 40-minütiger Fußmarsch mit Gepäck vor mir.

Ich möchte auch noch ein paar Fotos mit Rucksack vor dem Meilenstein machen. Irgendjemand wird schon dort vorbeikommen und mich fotografieren. Nach dem letzten Müslifrühstück meiner Pilgertour starte ich gut zwei Stunden vor Gottesdienstbeginn. Meine beiden Mitbewohner schlafen noch. Sonntags scheinen die Trondheimer ebenfalls alle auszuschlafen. Es ist sehr ruhig, kaum ein Auto ist auf den

Straßen auszumachen. Schnell komme ich voran und folge der Olavswegkennzeichnung, die wieder sehr gut erkennbar ist.

Auch heute führt der Olavsweg in Schlangenlinien und nicht auf dem direkten Weg zum Ziel. Aber das ist mir auch recht. Von Süden aus gelange ich also auf den Domplatz an das monumentale Westwerk des Domes. Das erhoffte Foto ist dank eines anderen Touristen schnell im Kasten, also Pilger und Rucksack am Meilenstein 0 km til Nidaros. Ich setze mich für ein Viertelstündchen auf die noch leeren Bänke vor dem Domplatz und genieße einfach die Szenerie und das Gefühl, angekommen zu sein, zurückschauen zu können auf sechs anstrengende, aber auch sehr schöne Wochen des Pilgerns im Land der Berge und Fjorde. Wenig später betrete ich den Dom. Ich setze mich wieder an dieselbe Stelle wie beim letzten Gottesdienst. Er wird wieder im Hohen Chor gefeiert, der Kammerchor steht nicht weit von mir entfernt auf seinem Podest und bald strömen auch die anderen Gottesdienstbesucher in die Kirche. Ich sehe von der Ferne meine Mitpilger, die wie ich ein Stück entfernt auch einen Platz ganz für sich suchen. Ich will das heute und hier so richtig aufsaugen, freue mich auf ergreifende Musik und werde nicht enttäuscht. Der Chor singt exzellent. Er führt die Gemeinde routiniert durch den Gottesdienst. Die neue Chororgel des Doms hat einen satten Sound und so fließen auch heute beim Abendmahl ein paar Freudentränen, die sich mit Tränen der Traurigkeit mischen, denn jetzt wird mir schlagartig bewusst, dass meine Pilgerschaft ans Ziel gekommen ist.

Bin ich am Ziel, bei mir selbst angekommen? Es sind viele Dinge, die ich in den letzten Wochen in meinem Herzen bewegt habe. Wie willst Du deine letzten Dienstjahre gestalten? Wann willst Du in den Ruhestand treten? Ich habe die Antwort noch nicht endgültig gefunden. Aber ich weiß, dass in mir noch eine ganze Menge Kraft und Energie schlummern. Eine neue Herausforderung nach mehr als 26 Jahren in derselben Gemeinde als Gemeindepfarrer könnte mir für die letzten Dienstjahre guttun. Ich werde schauen, was sich da nach meiner Rückkehr möglicherweise ergibt.

Nach dem Gottesdienst gehe ich mit Peter gemeinsam auf einen Kaffee noch einmal ins Pilgerzentrum und gebe in der Gepäckaufbewahrung meinen Rucksack ab. Wir ziehen ein letztes Mal um die Häuser und finden noch einen freien Tisch in einer Pizzeria, die ich schon vor meinem Start kennengelernt und für gut befunden habe. Hier sitzt man direkt am alten Kanal und den berühmten Holzhäusern des Stadtteils Bakklandet. Die Pizza mundet uns beiden sehr gut. Nun müssen auch wir uns verabschieden. Mein Bus fährt bald nach Stjordal, wo ich noch einmal für eine Nacht bei Thomas und Hanne zu Gast sein kann. Peter fährt mit dem Zug über Schweden zurück nach Hause und wird einige Tage unterwegs sein. Wir nehmen uns fest vor, beide im Kontakt zu bleiben, wünschen uns einen guten Rückweg und noch eine gute Zeit.

In Stjordal treffe ich zum Kaffee ein, Thomas holt mich von der Bushaltestelle ab und wir haben zu dritt noch einen schönen Abend miteinander. Ich genieße die Gastfreundschaft der beiden und kann ganz erfüllt in einen erholsamen Nachtschlaf fallen. Dieser wird allerdings ein wenig gestört durch die Vorboten von „Hans", einem Sturm- und vor allem Regentief, welches in den kommenden Tagen ganz Südnorwegen schwer treffen wird. Das Tief Hans wird auch meine weitere Zeit in Norwegen maßgeblich beeinflussen. Aber das weiß ich zu diesem Zeitpunkt noch nicht. Ich bin einfach dankbar, als ich mich am nächsten Morgen von Hanne und Thomas verabschiede und wieder in mein Pilgermobil steige, das mächtig staubig geworden ist in diesen sechs Wochen...

Am Sonntagvormittag fast leer - der Platz
vor dem Nidarosdom

Nachwort

Ich schreibe dieses Nachwort mit dem Abstand von gut zwei Monaten zur Pilgerwanderung. Es ist mittlerweile Mitte Oktober 2023. Inzwischen bin ich nach meinem Kontaktsemester und dem anschließenden Urlaub wieder seit knapp drei Wochen im Dienst. Ich denke dennoch immer wieder und sehr gern zurück und erinnere mich mit großer Freude an die vielen wunderbaren Menschen, die ich auf der Pilgerwanderung getroffen und kennengelernt habe. Ich habe all die Orte, Landschaften und Kirchen noch vor Augen, die mir in diesen sechs Wochen begegnet sind. Gern bin ich auch jetzt noch aktiv und versuche mindestens einmal in der Woche eine mehrstündige Wanderung in meinen Alltag einzubauen. Insofern zeigt die Pilgerwanderung bis hierher tatsächlich nachhaltige Wirkung.

Auf meinem Pilgerweg habe ich etwa acht Kilogramm an Gewicht verloren auf den gut 610 Kilometern, die ich gewandert bin. Nach den Angaben meines Schrittzählers waren es mehr als 700 Kilometer, die ich insgesamt in dieser Zeit auf den Beinen war und zurückgelegt habe. Oftmals sind ja „nach Feierabend" noch diverse Strecken zurückzulegen gewesen, beispielsweise zum Einkaufen.

Meine geplante Recherchetour in den Tagen nach der Pilgerwanderung musste ich leider verschieben, denn das schwere Unwetter „Hans" am ersten Wochenende im August und in den Tagen danach zerstörte große Teile der Infrastruktur entlang der E6 im Zentrum von Südnorwegen. Die Eisenbahnbrücke in Ringebu stürzte ein. An vielen Stellen gab es Überflutungen und Erdrutsche. Dadurch war es für mich nicht mehr möglich, überhaupt an die Orte zu gelangen, die ich noch einmal besuchen wollte, um Fotos zu machen oder um noch das eine oder andere Gespräch zu führen. Ich bin während der Tage des Unwetters in einer kleinen Hütte auf einem Campingplatz am Trondheimfjord untergekommen. Die geplante Recherchetour habe ich drei Wochen später im Urlaub mit meiner Frau gemeinsam nachholen können, wenn auch nicht in der eigentlich geplanten Ausführlichkeit.

Allen, die mir diese Auszeit ermöglicht haben, möchte ich an dieser Stelle noch einmal ganz herzlich danken. Unserer Landeskirche zuerst, die diese Möglichkeit des Kontaktsemesters eingerichtet hat. Meiner lieben Frau vor allem, die mir diese Freiheit geschenkt hat und zu Hause die Dinge in diesen Wochen alle allein gemanagt hat, den Kirchenältesten und Mitarbeiterinnen und Mitarbeitern in unseren Gemeinden und im Kirchenkreis, die die Vertretung in dieser Zeit gemeinsam begleitet haben. Den drei Kollegen von der Zehntgemeinschaft, die in diesen Wochen hier in Möckern den Dienst versehen haben. Ich danke allen, die mir durch ihre Kommentare in meinem Blog immer wieder Mut zugesprochen haben und an mich gedacht haben. Vielen Dank, Ricarda für das Vorwort, die gemeinsamen Tage auf dem Weg und die vielen guten Gespräche. Ich danke meiner Familie und unserer Tochter Helene, die mir auf dem Weg durch das Gudbrandstal eine so wunderbare Pilgerbegleiterin war. Diese gemeinsamen Tage waren ein ganz besonderes Geschenk für mich. In den Stolz über diese geschaffte Pilgerwanderung mischen sich auch eine große Demut und Dankbarkeit für diese geschenkte Zeit und die Kraft, die mir immer wieder zugewachsen ist. Ich bin dankbar für die vielen Begleiterinnen und Begleiter auf Zeit, die Gespräche beim Dinner und am Frühstückstisch, die Offenheit und Herzlichkeit miteinander.

„Und ob ich schon wanderte im finsteren Tal, fürchte ich kein Unglück, dein Stecken und Stab trösten mich. (Psalm23,4)" Dieses Psalmwort stand ganz am Anfang meines Pilgerweges im Losungsbüchlein und hat mich auf der Wanderung begleitet. Es hat sich all das erfüllt, was in diesem Wort gesagt wird. So bin ich bewahrt geblieben vor Verletzungen, vor völliger Entkräftung und manch Anderem. Dafür bin ich unendlich dankbar.

Es sind so viele Schätze auf einem solchen Weg zu entdecken, die freundlichen Gastgeberinnen und Gastgeber in den wunderbaren Pilgerherbergen nicht zu vergessen! Ich danke nicht zuletzt Gott, der mich auf dieser Wanderung so wunderbar beschenkt hat mit den vielen verschiedenen Erfahrungen und Momenten. So wird diese Auszeit ihren festen, besonderen Platz in meinem Leben bekommen und behalten.

Diesen Pilgerweg kann ich unumwunden weiterempfehlen, auch wenn es sicherlich hier und da noch Potential gibt, ihn für die Pilger weiterzuentwickeln. Allerdings würde ich ihn wahrscheinlich nicht solchen untrainierten und unerfahrenen Ersttätern wie mir empfehlen. Vielleicht tut es für den Anfang auch eine Pilgerstrecke unweit der Heimat. Was mich perspektivisch allerdings reizt, ist der schwedische Olavsweg, der von Sundsvall an der Ostseeküste über gut 500 Kilometer ebenfalls nach Trondheim führt und vom Streckenprofil her nicht ganz so anspruchsvoll sein soll. Vielleicht wäre das etwas für den Einstieg in den Ruhestand in ein paar Jahren? Oder etwas fürs Fahrrad? Schauen wir mal!

Wer neben diesem Buch noch ein paar O-Töne lesen möchte, dem sei mein Internetblog empfohlen. Er ist zu finden unter der Adresse:
www.mein-olavsweg.blogspot.com

Packliste

Immer wieder bin ich gefragt worden, was alles in meinem Rucksack Platz gefunden hat. Vielleicht ist es für alle, die vorhaben, diesen Weg zu gehen auch interessant und hilfreich beim Erstellen der eigenen Packliste. Ich habe bis auf das lange Unterhemd, die Mütze und die Daunenjacke alles auch irgendwann gebraucht.

Rucksack 45+10L von Deuter
Regenschutzhülle für den Rucksack aus dem Discounter
Schlafsack
Alubesteck
Kopflampe
zwei Trinkflaschen a 0,75L
Wasserfilter
3 Merino T-Shirts
Wanderhose zum Zippen
Wanderhut
Wanderstöcke
Wanderschuhe
Zahnputzzeug
Universalseife „Dr. Bronner"
ein kleines und ein mittelgroßes Outdoorhandtuch
Regenjacke + Regenhose
dünne Daunenjacke

2x Unterwäsche kurz, Merino

1x Unterwäsche lang Merino

dünnes Fleeceshirt

Smartphone und Ladegerät

Feuerzeug

2 Paar Wandersocken Falke

1 paar normale Socken

kleines 1. Hilfe Set

kleine Umhängetasche z. Einkaufen

kleines Taschenmesser

1 Sport – Leggins

Hirschtalgcreme

dünne Mütze Merino

Nagelschere

Nassrasierer

Pinzette

verschieden große ultralight Mini-Packsäcke

Lebensmittel

Literatur

Hanna Egler
Norwegen: Olavsweg
Conrad-Stein-Verlag 2. überarbeitete Auflage 2018

Bernd Lohse
Der Olavsweg
Lutherische Verlagsgesellschaft Kiel

Helfried und Renate Weyer
Olavsweg
Pilgern in Norwegen
Zweite überarbeitete Auflage 2018

Susanne und Walter Elsner
Olavsweg
Bergverlag Rother GmbH München 2019

Brita Bartels
Der Weg zur Mitte
Lutherische Verlagsgesellschaqft Kiel 2022

Thomas Zahrnt
Gen Norden
Lutherische Verlagsgesellschaft Kiel

Lothar Detert
Olavsweg
edition rastlos-media

Harald F. Gregorius
Danke Olav!
Geistkirch Verlag 2018

Danke

Ein besonderes Dankeschön möchte ich allen aussprechen, die mich ermutigt haben, dieses Projekt anzugehen, einfach loszuwandern und auch dieses Buch zu schreiben. Meiner Frau vor Allem, der ich dieses Buch auch widmen möchte. Ganz herzlich Danke möchte ich sagen für die freundliche Begleitung und Gastfreundschaft durch meine norwegischen Freunde Thomas und Hanne. Für das Lektorat und so manchen guten Hinweis danke ich Cornelia Severin. Ich hoffe, mit diesem Buch Menschen Mut machen zu können, selbst einmal den Schreibtisch oder den Alltag zu verlassen und sich auf einen solchen oder ähnlichen Pilgerweg führen zu lassen.

Martin Vibrans   Genthin am 12.9.2024